Carl-Auer
Fachbücher für jede:n

Ben Furman

Zum Glück ist es nicht weit

Sieben Kompetenzen für eine bessere Beziehung zu sich und anderen

Aus dem Englischen von Weronika M. Jakubowska

Zweite Auflage, 2023

Reihe »Fachbücher für jede:n«
Gestaltung: Uwe Göbel
Umschlagmotiv: © Dimitry Guzhanin/Shutterstock.com
Satz: Verlagsservice Hegele, Heiligkreuzsteinach
Printed in Germany
Druck und Bindung: CPI books GmbH, Leck

MIX
Papier | Fördert gute Waldnutzung
FSC® C083411
www.fsc.org

CPI klimaneutral
Mehr Bäume.Weniger CO_2

Zweite Auflage, 2023
ISBN 978-3-8497-0491-9 (Printausgabe)
ISBN 978-3-8497-8440-9 (ePub)

Die Originalausgabe erschien 2018 unter dem Titel
"Seitsemän elämäntaitoa: miten tulla paremmin toimeen itsensä ja muiden kanssa"
bei Lyhytterapiainstituutti Oy, Helsinki, Finnland.

Aus dem Englischen übersetzt von Weronika M. Jakubowska

Bibliografische Information der Deutschen Nationalbibliothek:
Die Deutsche Nationalbibliothek verzeichnet diese Publikation
in der Deutschen Nationalbibliografie; detaillierte bibliografische
Daten sind im Internet über http://dnb.d-nb.de abrufbar.

Informationen zu unserem gesamten Programm, unseren Autoren
und zum Verlag finden Sie unter: **https://www.carl-auer.de/**.
Dort können Sie auch unseren Newsletter abonnieren.

Carl-Auer Verlag GmbH
Vangerowstraße 14 • 69115 Heidelberg
Tel. +49 6221 6438-0 • Fax +49 6221 6438-22
info@carl-auer.de

Inhalt

Einleitung

Die lösungsfokussierte Kurzzeittherapie ist ein psychotherapeutischer Ansatz, der in den frühen 1980er-Jahren in den USA entwickelt wurde. Sie unterschied sich stark von den damals verbreiteten Formen der sogenannten Gesprächstherapie. Anstatt sich auf die Probleme des Klienten zu konzentrieren und deren Ursachen zu ermitteln, erkundet ein lösungsfokussiertes Gespräch die Hoffnungen und Ziele des Klienten und unterstützt ihn dabei, Wege zu finden, auf denen er seine Ziele erreichen kann. Bei den traditionellen Ansätzen bestand die Aufgabe des Therapeuten darin, seine Klienten zu verstehen und ihnen zu helfen, sich selbst zu verstehen. Bei einem lösungsfokussierten Ansatz hat der Therapeut mehr die Funktion eines Coachs, der die Aufgabe hat, dass er seinen Klienten durch sachdienliche Fragen dabei hilft, klare Ziele zu formulieren und Ressourcen in sich selbst und im eigenen Umfeld zu finden, die ihnen bei der Umsetzung ihrer Ziele nützlich sind.

Als die lösungsfokussierte Therapie entstand, war sie lediglich ein weiterer Ansatz unter vielen. Doch schon bald fanden die einfachen und praxisnahen Leitgedanken und Methoden ihren Weg in die unterschiedlichsten Lebensbereiche. Heute findet die lösungsfokussierte Psychologie in vielfältigen Bereichen Anwendung, so etwa im Sport, in der Gesundheitserziehung, der Meditation, dem Coaching, in Führung, Bildung und Strafrecht.

Doch worum geht es eigentlich beim lösungsfokussierten Ansatz? Kurz gesagt ist es ein »Algorithmus«, ein logisches Gesprächsverfahren, in dem Menschen mithilfe gut durchdachter, nützlicher Fragen darin unterstützt werden, ihre Lebensqualität zu steigern und Lösungen für ihre Probleme zu finden.

Oft erzählen Lernende der lösungsfokussierten Therapie ihren Lehrtherapeuten, welche positiven Auswirkungen das Kennenlernen und Anwenden des lösungsfokussierten Ansatzes in ihrem Privatleben habe. Sie berichten Dinge wie »Ich verstehe mich jetzt viel besser mit meinen Kindern und meiner Frau«, »Ich habe mehr Mitgefühl für mich selbst«, »Mein Mann sagt, ich habe mich zum Besseren verändert«, »Ich bin viel optimistischer geworden«, »Ich werde nicht mehr so wütend auf meine Kinder wie früher«.

Was bewirkt diese positiven Veränderungen? Ich denke, das ist ein zusätzlicher Bonus, der dadurch entsteht, dass diese Menschen die Annahmen, die der lösungsfokussierten Psychologie zugrunde liegen, kennenlernen, verinnerlichen und in ihr eigenes Leben, in ihre persönlichen Beziehungen integrieren. In den folgenden Kapiteln versuche ich, diese Grundannahmen zu beleuchten, indem ich sie als eine Sammlung von sieben »Alltagskompetenzen« beschreibe.

Das Buch hat seine Aufgabe erfüllt, wenn es ihm gelingt, Ihnen konkrete Ideen an die Hand zu geben, wie Sie Ihre eigene Lebensqualität steigern können, indem Sie diese sieben Alltagskompetenzen erlernen und umsetzen.

1 Erfolge erleben

Wir sollen aus unseren Fehlern lernen,
tatsächlich lernen wir jedoch mehr aus unseren Erfolgen.

An einem schönen Samstagmorgen erklärte ein Rabbi seiner Frau, er werde diesen Tag mit Golfspielen verbringen.

»Tu das nicht«, protestierte seine Frau besorgt. »Wenn jemand aus der Gemeinde erfährt, dass du den Sabbat nicht geehrt hast, wie es uns die heilige Schrift vorschreibt, verlierst du noch deine Arbeit. Und wie sollen wir dann das Haus abbezahlen?«

»Das erfährt schon keiner«, beschwichtigte der Rabbi. »Ich spiele einfach inkognito. Ich gehe auf einen anderen Platz als sonst, wo mich keiner kennt.«

»Tu das nicht, Liebling! Gott wird dich bestrafen«, warnte seine Frau erneut.

»Es ist ja keine große Sünde. Gott wird mir sicher vergeben«, sagte der Rabbi und packte seine Ausrüstung zusammen.

Als er am Ende des Tages wieder nach Hause kam, bemerkte seine Frau sofort, dass etwas nicht in Ordnung war. Der Rabbi erschien ihr wie ein gebrochener Mann.

»Was ist los? Was ist passiert?«, fragte sie ihn.

»Ich hätte auf dich hören sollen«, murmelte der Rabbi. »Du hattest recht. Ich hätte nicht spielen sollen. Gott hat mich für meine Sünde bestraft.«

»Was ist denn passiert? Hast du dich verletzt?«

»Nein, nichts dergleichen«, entgegnete er bedrückt. »Es ist beim sechsten Tee passiert: Ich habe ausgeholt, meinen Driver geschwungen, und der Ball flog und flog und landete auf dem Grün und rollte immer weiter bis ins Loch.«

»Was erzählst du da?«, fragte seine Frau verwirrt. »Ich verstehe vielleicht nicht viel von Golf, aber doch so viel, dass du da gerade ein Hole-in-one beschrieben hast. Das hat man nicht alle Tage! Das ist eine einmalige Sache. Solltest du dich nicht darüber freuen?«

»Vermutlich«, erwiderte der Rabbi bekümmert. »Aber ich kann es ja niemandem erzählen!«

Damit wir die Freude erleben können, die Erfolge mit sich bringen, müssen wir lernen, diesen Erfolgen Aufmerksamkeit zu schenken, sie zu analysieren und mit anderen zu teilen.

Freude an Erfolgen zu erleben lässt sich am besten üben, indem man sich auf die Erfolge konzentriert. Ich bezeichne mit dem Begriff »Erfolg« nicht nur die großen oder bemerkenswerten Erfolge, ich meine ebenso all die alltäglichen, die Mini- und die Mikro-Erfolge, die wir alle erleben. Je kleiner der Erfolg, den wir anerkennen, desto mehr Erfolgserlebnisse haben wir. Wenn wir nur unsere großen Erfolge wahrnehmen, bleibt die Freude über einen Erfolg zwangsläufig ein seltenes Erlebnis.

Erfolge, die wir genauer unter die Lupe nehmen, gewinnen an Bedeutung

Nehmen wir an, ich frage Sie nach einem kleinen Erfolgserlebnis, das Sie heute hatten, oder im Laufe der vergangenen Woche. Sie überlegen einen Augenblick und erzählen mir dann, dass Sie es heute früh endlich mal geschafft haben, Ihre Tochter vor neun Uhr in den Kindergarten zu bringen. Ich nehme an, dass das nicht einfach für Sie war, und möchte mehr darüber hören. Daraufhin erklären Sie, dass Sie schon seit einer Weile versuchen, Ihre Tochter morgens früher in den Kindergarten zu bringen, es aber bisher nie geschafft haben, weil sie morgens so lange brauche. Vielleicht teilen Sie sogar Ihre Befürchtung mit mir, dass Sie die Sache vermutlich nicht besser gemacht haben, indem Sie immer wieder die Geduld verloren haben. Dann frage ich Sie: »Wie haben Sie das gemacht? Wie haben Sie es geschafft, Ihre Tochter heute so früh in den Kindergarten zu bringen?« Und Sie erzählen mir, dass es daran liege, dass Ihre Tochter heute nicht so viel Aufhebens gemacht habe wie sonst. Da werde ich neugierig und möchte wissen, warum Ihre Tochter heute weniger Aufhebens gemacht habe als sonst. »Was haben Sie selbst heute getan, das erklären könnte, warum Ihre Tochter heute früh schneller war?« Nach einigem Nachdenken äußern Sie die Überlegung, es könnte womöglich damit zu tun haben, dass der gestrige Abend zu Hause so ruhig gewesen sei, Sie Zeit gehabt hätten, mit ihr zu besprechen, was sie am nächsten Morgen anziehen wolle, und ihr erlaubt hätten, die Kleider schon mal für den nächsten Tag vorzubereiten. Das interessiert mich, und ich fahre mit meinen Nachforschungen fort. Ich frage Sie etwa, wie Sie auf die Idee gekommen seien, dass sie die Kleider bereits am Abend vorbereiten könnte, oder wie Ihre Partnerin unterstützend an diesem Erfolg beteiligt gewesen sei.

Durch diese Art des Nachforschens – oder der Erfolgsanalyse, wie ich es gerne nenne – würden Sie vermutlich anfangen, Ihren Erfolg mehr wertzuschätzen. Gleichzeitig würden Sie sich mehr und mehr bewusst machen, was diesen Erfolg möglich gemacht hat. Sie würden auch erkennen, wie andere Menschen Ihnen geholfen oder Sie unterstützt haben. Erfolgsanalyse ist kein bloßes Anfeuern, es hat eine wichtige Funktion: Es hilft, besser zu verstehen, welche Faktoren zu diesem Erfolg beigetragen haben, wodurch wiederum ähnliche Erfolge in der Zukunft wahrscheinlicher werden.

Anderen zu danken ist ein wesentlicher Bestandteil von Erfolg

Wenn Menschen ihre Erfolge analysieren, stellen sie rasch fest, dass man Erfolge nicht alleine erreicht. Es gibt immer einen anderen Menschen, der irgendwie geholfen oder einen unterstützt hat, einem Mut zugesprochen und Anregungen gegeben hat oder als Vorbild diente. Es lohnt sich, denjenigen, die zu unseren Erfolgen beitragen, auf die eine oder andere Art zu danken. Erfahren Menschen Wertschätzung dafür, dass sie zu unseren Erfolgen beigetragen haben, fällt es ihnen leichter, auch an der

Freude über diese Erfolge teilzuhaben, und sie sind eher bereit, uns auch in Zukunft mit Rat und Tat zur Seite zu stehen.

Freude am Erfolg zu erleben ist eine kollektive Fähigkeit

Es ist wichtig, dass Menschen lernen, ihre Erfolge mit anderen zu teilen. Wir werden uns unserer eigenen Erfolge bewusster, wenn andere sich dafür interessieren. Indem wir unsere Erfolge teilen, d. h. mit anderen darüber sprechen, lernen wir nicht nur aus unseren eigenen Erfolgen, sondern auch aus denen unserer Mitmenschen.

Freude am Erfolg zu erleben ist eine Fähigkeit, die man nur schwerlich für sich allein üben kann. Es ist eine kollektive Fähigkeit – ähnlich wie Tanzen oder Musikmachen –, die erst im gemeinsamen Üben reife Früchte trägt. Geteilte Freude ist doppelte Freude, wie man so schön sagt. Freude am Erfolg lässt sich am besten aus Gesprächen ziehen, in denen Menschen sich über ihre Erfolgserlebnisse austauschen und sich gegenseitig helfen, sie genauer zu untersuchen und besser zu verstehen.

Freude am Erfolg erzeugt Dankbarkeit

Machen wir uns bewusst, auf welche Art und Weise andere zu unserem Erfolg beigetragen haben, stärkt das nicht nur unsere Beziehungen zu diesen Menschen, es hilft uns auch, Dankbarkeit zu empfinden – eine Empfindung, die bekanntermaßen eine starke positive Wirkung auf unser Wohlbefinden hat.

Praktische Übung

Machen Sie ein Experiment, und fragen Sie Ihre Familie, Ihre Freunde oder Kollegen, was sie heute oder in den vergangenen Tagen erfolgreich gemacht haben. Wenn sie Ihnen von ihren Erfolgserlebnissen erzählen, äußern Sie Bewunderung und Neugier, indem Sie Fragen stellen, wie zum Beispiel: »Wie hast du das gemacht?«, »An wem hast du dir ein Beispiel genommen?«, »Wie bist du darauf gekommen?«, »Wer hat dir dabei geholfen oder dich unterstützt?«.

Gewöhnen Sie sich auch an, sich intensiver auf Ihre eigenen Erfolge zu konzentrieren – nicht nur auf die großen, sondern auch auf die, die Sie vielleicht als Mini- oder Mikro-Erfolge einstufen würden. Fragen Sie sich, was zu Ihrem Erfolg beigetragen hat. Was haben Sie gedacht oder getan, das es Ihnen ermöglicht hat, hier erfolgreich zu sein? Wie haben andere Menschen Sie unterstützt, Ihnen geholfen? Wenn Sie diese Fragen beantwortet haben, überlegen Sie sich, wie Sie denjenigen, die zu Ihrem Erfolg beigetragen haben, danken oder ihren Beitrag zumindest würdigen können.

Beobachten Sie, wie sich dieses Handeln auf Sie und auf die Beziehungen zu Ihrem Mitmenschen auswirkt.

2 Stärken wahrnehmen

Konzentrier dich auf deine Ressourcen,
und du wirst in dir und um dich herum
eine ganze Fülle davon entdecken.

Eines der Dinge, die alle lösungsfokussierten Therapeuten und Coachs lernen müssen, ist es, Klienten dabei zu helfen, dass sie sich ihrer Ressourcen bewusst werden. Und zwar aus dem einfachen Grund, dass wir Schwierigkeiten umso besser überwinden können, je mehr Ressourcen uns zur Verfügung stehen – egal, welchen Problemen wir im Leben auch begegnen mögen. Wenn Menschen in ihrem Leben vor Problemen stehen, verlieren sie die eigenen Ressourcen oft aus den Augen und brauchen dann einen Therapeuten, Coach oder anderen Menschen, der ihnen hilft zu erkennen, dass sie viel mehr Ressourcen zur Verfügung haben, als sie sich klarmachen.

Es gibt eine Fülle an Übungen für den Lernprozess, wie man Klienten dabei unterstützt, sich ihrer Ressourcen bewusst zu werden. Eine besteht darin, dass die angehenden Therapeuten sich gegenseitig interviewen und einander dabei unterstützen, sich die eigenen Ressourcen bewusst zu machen. Wir beginnen damit, sie mit dem Begriff der Ressource, wie er in der lösungsfokussierten Therapie verwendet wird, vertraut zu machen – nämlich in der breiten Definition, die so ziemlich alles umfassen kann, was das Potenzial hat, Menschen zu helfen, dass sie Hindernisse überwinden und Ziele erreichen können. Daraufhin verteilen wir große Bögen Papier an die Teilnehmer, die sich zu zweit zusammentun und sich gegenseitig befragen. Sie sollen innerhalb eines gegebenen Zeitfensters ihr Gegenüber darin unterstützen, so viele Ressourcen wie möglich zu entdecken.

Die Teilnehmer lieben diese Übung und fotografieren danach oft freudestrahlend mit ihren Smartphones die Blätter, auf denen ihre Gesprächspartner die Ressourcen notiert haben. Das gibt Hoffnung und hebt die Stimmung, wenn man sich den Umfang der eigenen Ressourcen verdeutlicht. Sie sagen oft: »Mir war gar nicht klar, dass ich so viele Ressourcen habe!«, und fühlen sich selbstbewusster, wenn es darum geht, die Probleme zu überwinden und ihre Ziele zu erreichen.

Wenn wir unsere Aufmerksamkeit auf unsere Ressourcen richten, nehmen wir sie immer öfter überall wahr.

Mit Ressourcen meine ich alles, was Menschen dabei hilft, dass sie ihr Leben genießen und mit den Herausforderungen, die ihnen begegnen, zurechtkommen. Der Begriff »Ressource« bezeichnet also ganz unterschiedliche Fertigkeiten, Begabungen und Charakterstärken, aber ebenso andere Menschen. Für viele Menschen ist die Natur mit all ihren Pflanzen und Tieren eine wichtige Ressource. Sogar das Internet mit seinen Chatforen ist für manch einen eine große Ressource. Alles Mögliche kann eine Ressource für einen Menschen sein, es muss nur für sein Leben in irgendeiner Form hilfreich sein. Zuweilen kann sich sogar etwas, das einem zunächst als Hindernis erscheint, als Ressource entpuppen. Je stärker das Gefühl ist, dass wir über Ressourcen verfügen, desto zuversichtlicher und selbstsicherer begegnen wir dem Leben und seinen Herausforderungen.

Menschen haben mehr Stärken, als ihnen bewusst ist

Die Fähigkeit, Ressourcen wahrzunehmen, lässt sich trainieren. Sie können sie etwa trainieren, indem Sie Ihre Ressourcen auf einem Blatt Papier notieren. Fangen Sie mit den Stärken, Fähigkeiten und positiven Charaktereigenschaften an, die Sie an sich selbst erkennen, von denen Sie meinen, dass andere Menschen sie in Ihnen sehen oder die in Ihrem Leben nützlich sein können.

Nehmen wir an, Sie würden sich als strebsam bezeichnen, weil Sie Dinge, die Sie anfangen, auch zügig zu Ende führen. Notieren Sie »fleißig« und überlegen Sie weiter, welche Stärken Sie noch haben. Das ist kein Eigenlob. Sie erarbeiten damit Ihre eigenen Stärken. Je mehr Sie sich Ihrer Stärken bewusst sind, desto einfacher wird es, darauf zurückzugreifen, wenn Sie sie brauchen. Wenn Sie etwa neben Ihrer Muttersprache noch eine andere Sprache sprechen, können Sie »mehrsprachig« notieren und darunter die Sprachen aufführen, in denen Sie gut zurechtkommen. Sie können so weitermachen, bis ihr Blatt voll ist mit unterschiedlichen Stichworten, die Ihre Stärken bezeichnen.

Notieren Sie daraufhin die Namen der Menschen, die für Sie in Ihrem Leben auf die eine oder andere Weise Ressourcen sind oder waren. Das können Menschen sein, die Ihnen geholfen, Sie inspiriert oder Sie etwas gelehrt haben. Nehmen Sie sich Zeit, darüber nachzudenken, welche Menschen Sie in Ihre Liste aufnehmen möchten.

Womöglich beginnen Sie mit den Menschen, die Ihnen am nächsten stehen. Mit der Zeit wird Ihre Liste immer länger werden, wenn Sie an die vielen Menschen denken, die – jeder auf seine eigene, besondere Art – Ressourcen für Sie gewesen sind. Vielleicht notieren Sie sogar die Namen von Menschen, die verstorben sind. Manch einer von ihnen könnte heute noch eine Ressource für Sie sein.

Sie können die Liste Ihrer Ressourcen noch erweitern, indem Sie Ihre Hobbys, Leidenschaften und verschiedenen Interessen aufschreiben. Diese gehören ebenso zu Ihren Ressourcen. Wenn Sie erst einmal richtig dabei sind, werden Sie merken, dass die Liste immer länger und länger wird. Vielleicht fällt Ihnen auf, dass es Bücher oder Filme gibt, die Ihnen im Leben irgendwie geholfen haben. Für viele Menschen sind Tiere, Pflanzen und die Natur allgemein eine grundlegende Ressource. Manche Menschen ziehen Kraft aus der Spiritualität. Und wenn wir mal darüber nachdenken, lassen sich alle Erfahrungen im Leben – gute wie schlechte – als Ressourcen betrachten. Kinder sind besonders gut darin, Ressourcen herbeizuzaubern, indem sie mithilfe ihrer Vorstellungskraft Fantasiefreunde erschaffen, und diese fantastische Fähigkeit ist auch Erwachsenen nicht fremd.

Es ist sehr nützlich, die eigenen Ressourcen auf diese Weise zu Papier zu bringen. Wenn wir unsere Ressourcen erst einmal auf einen Blick vor uns haben, können wir uns davon überzeugen, dass wir über eine Menge Ressourcen verfügen. Menschen haben zuweilen das Gefühl, dass sie über kaum eine Ressource verfügen, doch das ist immer ein Irrtum. Jeder hat Ressourcen! Man mag sich ihrer nicht ständig bewusst sein, doch das bedeutet nicht, dass man sie nicht hat. Wenn es jemandem schwerfällt, seine Ressourcen zu sehen, bedeutet das lediglich: Er braucht einen anderen Menschen, der ihm hilft, die Augen zu öffnen, damit er sie sehen kann.

Ressourcen nützen uns nur, wenn wir sie nutzen

Allein schon das Auflisten der eigenen Ressourcen kann eine stärkende Erfahrung sein. Es ist aber noch wichtiger, dass wir Möglichkeiten finden, wie wir unsere Ressourcen einsetzen können. Tatsächlich werden Ressourcen nämlich erst dann zu Ressourcen, wenn wir sie dafür nutzen, unsere Lebensqualität zu steigern oder Herausforderungen im Leben zu meistern. Andernfalls bleiben sie schlicht Wörter auf Papier. Wenn wir etwa einen tiefgreifenden Verlust im Leben erfahren, lohnt es sich, die eigenen Ressourcen daraufhin zu betrachten, welche wir einsetzen könnten, damit wir diese Situation durchstehen.

Ressourcen zu nutzen erfordert kreatives Denken. Manchmal fällt es Menschen schwer, herauszufinden, wie sie diese oder jene Ressource gut einsetzen könnten, um ein konkretes Problem zu lösen. Sieht man aber eine Fülle von Ressourcen vor sich, ist die Wahrscheinlichkeit höher, dass man es schafft.

Angenommen, eine Frau hat das Problem, dass sie nachts zu spät schlafen geht, weil sie ihrer schlechten Angewohnheit nachgeht und bis spät in die Nacht online mit ihren Freunden chattet. Ein Blick auf ihre Liste würde ihr zeigen, dass sie viele Freunde hat, mit denen sie über das Internet in Kontakt steht, und sie weiß, dass diese Freunde sie mit ziemlicher Sicherheit unterstützen würden, wenn sie sich dazu entschlösse, sie um Unterstützung dabei zu bitten, nachts die Gespräche etwas früher zu beenden und schlafen zu gehen. Während es ihr schon helfen könnte, an ihre Freunde zu denken, käme ihr vielleicht auch noch eine andere Idee: Sie könnte all diese Freunde bitten, abends nach einer bestimmten Uhrzeit jede ihrer Nachrichten einfach mit einem schlafenden Emoticon zu beantworten. Sieht man erst einmal die Vielzahl seiner Ressourcen vor sich, fällt es umso leichter, kreativ zu werden und eine Lösung für ein Problem zu entwickeln.

Je ernster das Problem, desto wichtiger ist es, dass wir unsere Ressourcen nutzen. Man denke etwa an Eltern, die ein Kind verloren haben, oder an ein Kind, das seine Eltern verloren hat. Sie hätten ein geradezu verzweifeltes Bedürfnis, ihre Ressourcen zu nutzen, um mit der Tragödie zurechtzukommen und einen Weg hindurch zu finden. Dem einen tut es gut, wenn er ein Blog schreibt, dem anderen, wenn er mit Freunden spricht, und ein Dritter findet vielleicht Trost im Spirituellen. Wir bewältigen Herausforderungen im Leben am besten, indem wir unsere eigenen Ressourcen mobilisieren.

Hindernisse als Ressourcen sehen

Wenn Menschen über Ressourcen sprechen, neigen sie dazu, an positive Dinge zu denken. Indes ist die Wirklichkeit komplexer, denn auch Probleme, Schwächen und Hindernisse können Ressourcen darstellen. Nehmen wir das Beispiel von Milton H. Erickson, dem legendären amerikanischen Psychiater, dessen kreative Ideen der lösungsfokussierten Kurzzeittherapie zugrunde liegen und der im Alter von 17 Jahren schwer an Polio erkrankte. Er hat auf bewegende Weise beschrieben, wie er es aufgrund seines Kampfes gegen die Krankheit verstanden hat, wie der Geist des Menschen funktioniert und wie man Einfluss auf Menschen nehmen kann. In seinen Schriften finden sich zahlreiche Beispiele dafür, wie es ihm gelang, seinen Patienten dabei zu helfen, das, was sie als Hindernisse empfunden hatten, in Ressourcen zu verwandeln.

In einem seiner verblüffenden Fallbeispiele erzählt er von einer Patientin, einer jungen Frau, die ernst zu nehmende Suizidgedanken hegte und die als letzten Versuch eines Auswegs Erickson aufsuchte. Sie war zutiefst davon überzeugt, dass sie zu hässlich und unattraktiv sei, als dass je ein Mann sie würde heiraten wollen. Sie schämte sich ihres Äußeren, insbesondere der breiten Lücke zwischen ihren Vorderzähnen.

Irgendwie hatte Erickson aus all den Details, die die Frau vor ihm ausgebreitet hatte, herausgehört, dass an ihrem Arbeitsplatz auch ein Mann arbeitete, der, nach seinem Verhalten zu urteilen, Interesse an ihr zu haben schien. Die Frau hatte Erickson erzählt, dass der Mann oft just dann am Trinkbrunnen im Büro auftauchte, wenn sie auch dort war. Jedes Mal machte sie dann rasch kehrt und ging zurück an ihren Arbeitsplatz. Erickson versprach, er würde der Frau helfen – allerdings unter der Bedingung, dass sie jede seiner ärztlichen Anweisungen strikt befolgen würde. Als sie eingewilligt hatte, trug Erickson ihr auf, sie solle lernen, drei Meter weit Wasser durch die Zahnlücke zu spritzen. Die Frau begriff nicht, warum sie das lernen sollte, befolgte aber wie versprochen die ärztliche Anweisung. Als sie zuverlässig gelernt hatte, ein drei Meter entferntes Ziel durch die Zahnlücke anzuspritzen, trug Erickson ihr auf, zum Trinkbrunnen im Büro zu gehen und zu warten, bis der Mann auftauchte. In dem Moment sollte sie den Mund voll Wasser nehmen, es durch die Zahnlücke dem Mann direkt ins Gesicht spritzen und so schnell sie konnte weglaufen. Die Frau hatte zwar Einwände gegen diese Anweisung, doch es gelang Erickson, sie dazu zu überreden, indem er betonte, dass sie, wenn sie sich ohnehin das Leben nehmen wollte, ebenso gut um eine neckische Erfahrung reicher sterben könne. Die Frau setzte also auch diesen Auftrag um, mit dem Ergebnis, dass der Mann ihr hinterherrannte, sie erwischte und als Revanche einen Kuss einforderte. Die Geschichte besagt, dass die beiden bald darauf zusammenkamen, heirateten und eine Familie gründeten.

Erickson war ein kreativer Kopf. Wenn ihm seine Patienten von Hindernissen erzählten, dachte er nicht darüber nach, wie diese Hindernisse deren Leben schwieriger machten, sondern darüber, wie er den Klienten helfen könnte, sie als Ressourcen zu sehen, die sie nutzen könnten, um ihr Ziel zu erreichen.

Hindernisse als Ressourcen zu sehen ist Übungssache

Wir können lernen, mehr Ressourcen in uns und unserem Umfeld wahrzunehmen. Wenn wir aber Meister der Kunst des Ressourcensehens werden wollen, lohnt es sich, ein Geschick dafür zu entwickeln, Dinge, die uns als Hindernisse erscheinen, in Ressourcen zu verwandeln. Das ist eine Fähigkeit, die Kreativität erfordert und in den meisten Fällen auch etwas Hilfe und Unterstützung von Freunden.

Praktische Übung

Nehmen Sie ein Blatt Papier, zeichnen Sie einen Kreis in die Mitte, schreiben Sie eines Ihrer Ziele auf – irgendetwas, das Sie erreichen möchten, das Ihnen jedoch als Herausforderung erscheint. Notieren Sie daraufhin um das Ziel herum die verschiedenen Hindernisse oder Hürden, von denen Sie das Gefühl haben, sie stünden Ihnen im Weg. Sobald Sie einige Hürden notiert haben, prüfen Sie sie eingehend, eine nach der anderen. Fragen Sie sich, wie jedes dieser Dinge oder Situationen, die Sie bis hierher als Hindernis gewertet haben, Ihnen als Ressource dienen könnte. Mit anderen Worten: Wie könnte etwas, das Ihnen bisher als Hindernis erschien, Ihnen auf überraschende Weise helfen, Ihr Ziel zu erreichen?

Es ist schwierig, aber bleiben Sie dran! Geben Sie nicht zu schnell auf! Wenn es Ihnen hilft, laden Sie einen Freund ein, das

Gleiche zu tun, sodass Sie einander dabei helfen können, sich kreative Arten auszudenken, wie sich die Dinge wenden oder Hindernisse in Ressourcen verwandeln lassen.

Natürlich ist es nicht immer möglich, ein Hindernis als Ressource umzudefinieren, doch mit einer Prise kreativen Denkens kann so mancher Faktor, den wir gewohnheitsgemäß als hinderlich für das Verwirklichen unserer Träume wahrnehmen, plötzlich, mit anderen Augen gesehen, als etwas dastehen, das uns hilft, unser Ziel zu erreichen.

3 Die Vergangenheit als Ressource betrachten

Unsere Vergangenheit ist integraler Bestandteil unseres Lebens.
Indem wir die Vergangenheit als Quelle unserer Probleme betrachten,
schaffen wir gewissermaßen eine feindselige Beziehung in uns selbst.
Die Vergangenheit zieht es vor, als Ressource wahrgenommen zu werden,
als ein Speicher voller Erinnerungen, guter wie schlechter,
als Quelle der Weisheit aus Lebenserfahrung.

Vor vielen Jahren arbeitete ich als Supervisor mit den Mitarbeitern einer stationären Jugendhilfeeinrichtung. Die Mitarbeiter wollten mit mir über einen 14-jährigen Jungen sprechen, der seit Kurzem in der Einrichtung lebte. Sie erzählten mir von seiner traumatischen Geschichte: Seit er von seinen biologischen Eltern weg- und in Pflege genommen wurde, hatte er immer und immer wieder Ablehnung erfahren. Zunächst kam er für eine Zeit lang in eine Einrichtung, bis das Jugendamt eine Pflegefamilie für ihn fand. Dort blieb er eine Weile, bis den Pflegeeltern der Umgang mit ihm zu schwierig wurde und sie sich entschlossen, ihn abzugeben. Daraufhin kam der Junge in eine andere Pflegefamilie, die sich wiederum nach einer Weile gegen ihn entschied. Dieser Kreislauf wiederholte sich immer wieder, sodass das Kind in seinem noch jungen Leben bereits ziemlich viele Bleiben gehabt hatte.

Ich fragte, ob wir nicht den Jungen selbst zum Gespräch dazuholen wollten. Die Mitarbeiter willigten ein, der Junge wurde gefragt. Er war auch einverstanden, mit uns zu sprechen, und saß also bald mit uns im Raum.

»Hast du etwas dagegen, dass ich dir ein paar Fragen zu deinem Leben stelle?«, fragte ich ihn.

»Kein bisschen«, antwortete der Junge und erschien mir durchaus kooperativ.

»Ich habe von den Mitarbeitern hier gehört, dass du in deinem Leben schon in ganz schön vielen Familien gelebt hast«, sagte ich. »Die meisten Menschen wachsen in nur einer Familie auf. Aber da du schon in so vielen Familien gewesen bist, hast du auch viele verschiedene Familien erlebt.«

Ich legte ein großes Blatt Papier auf den Tisch vor mir und setzte an, Notizen zu meinem Gespräch mit dem Jungen zu machen.

»Kannst du bitte all die Familien und Bleiben aufzählen, in denen du bereits gelebt hast, sodass ich sie hier auf diesem Blatt auflisten kann?«

»O. k., ich versuche mal, alle zusammenzukriegen«, antwortete der Junge.

Wir fuhren also fort und erstellten die Liste. Für jedes Zuhause, das er mir nannte, zeichnete ich ein Haus auf das Blatt und notierte den Namen der Familie oder der Einrichtung. Als die Liste vollständig war, sagte ich zu dem Jungen: »In all diesen Familien und Wohnsituationen, in denen du gelebt hast, hast du sicherlich jeweils etwas Nützliches gelernt. Lass uns mal mit der letzten Familie anfangen, bei der du gelebt hast: Was hast du dort gelernt?«

Der Junge erzählte uns, dass es in diesem letzten Zuhause Pferde gegeben und er dort reiten gelernt habe. »Wow, das ist toll! Jetzt kannst du also reiten. Was hast du denn noch dort gelernt?«

So unterhielt ich mich mit dem Jungen etwa eine Dreiviertelstunde lang über all die Dinge, die er in den verschiedenen Umfeldern gelernt hatte, in denen er schon gelebt hatte. Er fand für jedes Zuhause etwas. So hatte er zum Beispiel in einer Familie Traktor fahren gelernt. In einer anderen hatte er gelernt, seine Hausaufgaben zu machen, und in noch einer anderen, sein Zimmer ordentlich zu halten.

»Du scheinst mir ein ziemlicher Glückspilz zu sein«, fasste ich zum Ende unseres Gesprächs zusammen. »Du hattest die Gelegenheit, in so vielen Familien zu leben und so viele Dinge zu lernen!«

Als wir unser Gespräch beendeten, wandte sich der Junge flüsternd an einen der Mitarbeiter. »Was ist denn?«, fragte ich neugierig. »Er hat mich gefragt, ob er das Blatt haben könne, auf dem du die Notizen gemacht hast«, gab der Mitarbeiter zurück.

Die Art und Weise, wie wir auf unsere Vergangenheit blicken, in welchem Licht wir sie betrachten, hat Einfluss auf unser Wohlbefinden. Wir können unsere Vergangenheit ganz unterschiedlich beleuchten – je nachdem, welche Erinnerungen wir schätzen und pflegen und welche Bedeutungen wir unseren Erlebnissen zuschreiben.

Nicht die Dinge, die uns zustoßen, beeinträchtigen uns, sondern die Art, wie wir über sie denken

Seit Jahrhunderten lehren uns Philosophen, jeder auf seine eigene Art, dass nicht die Dinge, die wir erleben, uns plagen, sondern die Gedanken, die wir uns dazu machen. Die Vergangenheit können wir nicht ändern – was geschehen ist, ist geschehen –, aber wir können unsere Gedanken im Hinblick auf das, was geschehen ist, kontrollieren.

Es kann von Vorteil sein, wenn man die eigene Vergangenheit als Ressource begreift – mit all den guten wie den schlechten Lebenserfahrungen. Mit anderen Worten: Es ist nützlich zu lernen, so zu denken, wie ältere Menschen es oft den jüngeren raten: nämlich, dass wir dankbar sein sollten für all die mannigfaltigen Erfahrungen im Leben, nicht bloß die angenehmen, an die man gerne zurückdenkt, sondern auch die unangenehmen, die wir vielleicht lieber vergessen würden. Selbst aus den schlimmsten Erlebnissen können wir etwas Nützliches lernen. Das ist zwar schwierig, aber nicht unmöglich. Und auch wenn es auf den ersten Blick so scheinen mag, bedeutet das keineswegs, dass wir unser Leiden einfach ignorieren sollten. Leid bleibt Leid, und Kummer bleibt Kummer, doch wir können bei allem Kummer dennoch meist auch positive Aspekte an unseren Erfahrungen finden.

Der folgende Dialog zeigt, wie ein lösungsfokussiertes Gespräch helfen kann, nützliche Aspekte in schwierigen Erfahrungen zu finden.

Person A: »Ich habe mit zwölf Jahren meine Mutter verloren. Das war ein tiefes Trauma. Bis heute kommen mir die Tränen, wenn ich daran denke.«

Person B: »Das tut mir sehr leid. Das muss sehr schmerzhaft für Sie gewesen sein. Können Sie denn sagen, was Ihnen geholfen hat, das durchzustehen?«

Person A: »Meine Großmutter hat dabei eine entscheidende Rolle gespielt.«

Person B: »Wie hat sie Ihnen geholfen oder Sie unterstützt?«

Person A: »Sie hat mich getröstet und sich um mich gekümmert. Mein Vater schaffte das nicht. Er ertränkte seinen Schmerz im Alkohol.«

Person B: »Was hat Ihre Großmutter Ihnen beigebracht, das Ihnen geholfen hat, den Verlust Ihrer Mutter durchzustehen, und vielleicht sogar auch das Alkoholproblem Ihres Vaters?«

Person A: »Ich glaube, wenn sie nicht gewesen wäre, wäre ich heute nicht hier, um dir davon zu erzählen. Sie war für mich eine Art Ersatzmutter, und ich würde sagen, mein Leben lang auch eine Art Mentorin. Ich kann mich glücklich schätzen, so eine Großmutter zu haben.«

Person B: »Ihre Großmutter war sozusagen lebenswichtig für Sie. Und was ist mit anderen Menschen? Gibt es noch andere Menschen, für die Sie dankbar sind, die Ihnen geholfen oder Sie unterstützt haben?«

Person A: »In der Oberschule habe ich mich mit einem Mädchen angefreundet, das auch früh seine Mutter verloren hatte. Wir wurden ziemlich gute Freundinnen, und ich denke, wir haben uns gegenseitig sehr geholfen, auch wenn wir eigentlich selten über unsere Mütter sprachen. Aber das war immer so eine unausgesprochene, starke Verbindung. Ich glaube, die Freundschaft war wichtig für mich, um mit dem Verlust leben zu lernen. Und mein Bauchgefühl sagt, sie würde das Gleiche sagen. Wir sind noch immer befreundet, ich könnte sie also auch mal fragen.«

Im weiteren Verlauf eines solchen Gesprächs würden wahrscheinlich weitere Hoffnungsschimmer auftauchen. Redensarten wie »Shit happens« oder »Böse Dinge treffen auch gute Menschen« illustrieren diese Sichtweise: Es führt einfach kein Weg daran vorbei. Jedem von uns stößt zuweilen Unerwünschtes zu, und wir können nichts daran ändern. Sind diese Dinge jedoch erst einmal passiert, sind sie nichts weiter als Geschichten, und die Art, wie wir uns diese Geschichten selbst erzählen, bestimmt, wie sie uns beeinflussen – ob sie uns Energie rauben oder schenken.

Ressourcenorientierung soll das menschliche Leiden nicht verharmlosen

Niemand mag es, wenn andere sein Leid kleinreden. Wenn wir einem anderen dabei helfen wollen, positive Aspekte in seinen schwierigen Erfahrungen zu finden, müssen wir sehr behutsam vorgehen. Menschen sind erst dann bereit, diese Facetten ihres Leidens zu betrachten, wenn sie das Gefühl haben, dass die Tiefe ihres Leidens verstanden und anerkannt wird. Haben wir hingegen das Gefühl, dass andere unser Leiden kleinreden, fühlen wir uns schnell gekränkt, und das trägt nicht dazu bei, das Leiden zu verringern – im Gegenteil.

Ressourcenorientierung kann man lernen

Die Fähigkeit, mit einem ressourcenorientierten Blick auf die Vergangenheit zu schauen, kann man erlernen und üben. Sie können damit anfangen, dass Sie die Namen all derjenigen Menschen aufschreiben, die in Ihrem Leben seit dem Tag Ihrer Geburt wichtig für Sie gewesen sind. Das werden vermutlich viele Menschen sein, etwa Ihre Eltern, Geschwister, Großeltern, andere Verwandte, Lehrer, Freunde, Nachbarn … eine Vielzahl von Menschen, denen Sie im Laufe Ihres Lebens begegnet sind. Wenn Ihre Liste fertig ist, können Sie darüber nachdenken, was jeder dieser Menschen Ihnen mitgegeben oder Sie gelehrt hat. Bei manchen Menschen mag Ihnen das leicht fallen, weil Sie das Gefühl haben, viel von ihnen bekommen zu haben. Bei anderen mag es schwieriger sein, aber geben Sie nicht zu schnell auf! Versuchen Sie, wenigstens einen Punkt zu jeder Person auf Ihrer Liste zu finden. Wenn Sie damit fertig sind, werden Sie merken, dass allein schon das Ausführen dieser Übung eine stärkende Wirkung hat.

Hilfreiche Fragen

Die Ressourcenorientierung lässt sich auch nutzen, indem wir an schwierige Erfahrungen in unserem Leben denken und sie aus dem Blickwinkel der Ressourcenorientierung betrachten. Eine aufreibende Situation kann man etwa mithilfe der folgenden Fragen untersuchen. Diese Übung fällt leichter, wenn wir einen Freund oder Partner bitten, uns die Fragen zu stellen. Aber wenn Sie sich dazu in der Lage fühlen, können Sie es auch alleine tun.

- Wie hast du in der Situation reagiert? Was hast du gesagt oder getan, das in der Situation geschickt oder klug war? Woher wusstest du, dass du in der Situation so handeln solltest?
- Was hast du nach diesem Erlebnis getan, das dir geholfen hat, dich davon zu erholen?
- Welche Menschen haben dir geholfen, dich von diesem Erlebnis zu erholen? Wie haben sie dir geholfen?

- Hast du schon mal jemandem dabei geholfen, in einer ähnlichen Situation zurechtzukommen? Wie hast du das gemacht?
- Was hast du aus dieser Erfahrung gelernt, das in deinem Leben hilfreich für dich ist oder von dem du dir vorstellen könntest, dass es mal hilfreich sein wird?

Wenn die Erfahrung, an die Sie denken, damit zu tun hat, dass ein anderer Ihnen Kummer bereitet oder Schmerz zugefügt hat, denken Sie auch über die folgende Frage nach:

- Wie hast du dich dieser Person widersetzt, oder wie hast du die Unversehrtheit deines Körpers oder deiner Seele geschützt, als das geschah?

Ressourcenorientierung – eine uralte Volksweisheit

In vielen Sprachen sagt man »Was uns nicht umbringt, macht uns stärker«. So versuchen Kulturen in aller Welt seit jeher, die Ressourcenperspektive zu erlernen.

Ein Beispiel für dieses Erbe ist die Naikan-Therapie, ein meditationsbasierter Weg der Selbsterkundung, der auf den buddhistischen Geschäftsmann Yoshimoto Ishi (1916–1988) aus Japan zurückgeht. Heute wird die Naikan-Methode weit über die Grenzen Japans hinaus in zahlreichen Ländern der Welt praktiziert. Dabei versucht der Klient, inneren Frieden zu finden, indem er über drei grundlegende Fragen reflektiert:

1) Was haben andere Menschen mir über die Jahre Gutes getan?
2) Was habe ich anderen Menschen über die Jahre Gutes getan?
3) Welche Schwierigkeiten habe ich anderen bereitet?

Die für die westliche Psychologie charakteristische Frage »Welches Leid haben andere Menschen mir bereitet?« spielt in dieser Methode keine Rolle. Laut Yoshimoto Ishin ist diese Frage nutzlos, da die üblichen Antworten sie in der Regel nicht weiterbringen. Darüber hinaus sind wir ohnehin schon viel zu erpicht darauf, Antworten auf diese Frage zu finden.

Schließe Freundschaft mit deiner Vergangenheit, sie ist ein wesentlicher Teil von dir

Unsere Vergangenheit ist ein wesentlicher Teil unserer selbst. Sie ist wie ein Körperteil, wie ein Knie, die Nase oder das Gesäß. Wenn Menschen ihren Körper akzeptieren, sind sie mit ihrem Leben zufriedener als diejenigen, die mit ihrer Figur unglücklich sind. Das Gleiche trifft scheinbar auf unsere Vergangenheit zu. Je besser wir uns mit ihr anfreunden, desto glücklicher sind wir mit unserem Leben. Es ist nie zu spät zu lernen, wie man das eigene Leben in einem positiveren Licht sehen kann.

Praktische Übung

Probieren Sie die folgende »Light«-Version der Naikan-Therapie aus.

Denken Sie zunächst an die ersten drei Jahre Ihres Lebens und notieren Sie auf einem Blatt Papier alles, was Ihre Eltern und andere für Sie wichtige Menschen in diesem Lebensabschnitt für Sie getan haben.

Denken Sie dann an die Zeit zwischen Ihrem dritten und sechsten Lebensjahr und an all die Dinge, die Eltern und andere für Sie wichtige Menschen in dieser Zeit für Sie getan haben. Machen Sie weiter mit Ihrer Schulzeit, Jugend, Ihrem frühen Erwachsenenleben usw. Betrachten Sie dann all diese Lebensabschnitte mit der Frage, was Sie wiederum für diese Menschen getan haben, was Sie denen »zurückgegeben« haben, die Ihnen all die vielen Dinge auf Ihrer Liste mitgegeben haben.

Wenn Sie auf diese Weise eine Bilanz der Vermögenswerte und Schulden im Leben aufgestellt haben, werden Sie mit großer Wahrscheinlichkeit feststellen, dass Sie mehr erhalten haben, als Sie bislang Zeit hatten zurückzugeben.

Schließen Sie die Übung ab, indem Sie sich überlegen, was Sie konkret tun könnten, um wenigstens etwas von dem zurückzugeben, was Sie erhalten haben.

4 Andere effektiv beeinflussen

Beeinflussen Sie andere, ohne ihnen das Gefühl zu geben,
Sie würden sie kritisieren.

Vor Jahren, als sein Sohn noch klein war, war mein Kollege Tapani ehrenamtlich als Fußballtrainer in dem Verein tätig, in dem auch sein Sohn spielte. Als man Tapani fragte, ob er eine der Juniorenmannschaften trainieren würde, war er zunächst nicht sonderlich begeistert davon, diese Aufgabe zu übernehmen. Derjenige, der ihn davon zu überzeugen versuchte, versicherte ihm jedoch, dass er überhaupt keine Vorerfahrung bräuchte. Er sollte einfach nur die anderen beiden Trainer beobachten und es ihnen nachtun.

Widerstrebend willigte Tapani ein und wurde kurzerhand zum Trainer einer Mannschaft von jungen aufstrebenden Fußballern. Eines der Dinge, die er durch die Beobachtung seiner beiden Trainerkollegen rasch lernte, war, den Jungen Befehle zuzurufen: »Jan, raus aus dem Abseits!«, »Ronnie, renn!«, »Dennis, pass auf, was die anderen Spieler machen!«. Es wurde ihm schnell klar, dass es eine ziemliche Herausforderung war, die Jungen dazu zu bewegen, dass sie taten, was er wollte. Oft endete es damit, dass ein Spieler, wenn er endlich mal den Ball erwischte, ihn einfach behielt, anstatt ihn einem Mannschaftskollegen zuzupassen – vielleicht in der Hoffnung, selbst ein Tor zu schießen. Kein Wunder also, dass die Mannschaft ständig Spiele verlor.

Bald dämmerte es Tapani, dass es nicht funktionierte, die Jungen einfach dafür zu kritisieren, dass sie den Ball nicht weitergaben, oder sie bei Spielen anzuschreien, dass sie passen sollen. Außerdem stand dieses Anschreien in geradezu beschämender Weise in Widerspruch zu seiner Identität als Fürsprecher des lösungsfokussierten und anderer positiver Ansätze in der Arbeit mit Menschen.

Also beschloss er eines Tages, seine Taktik zu ändern. Anstatt die Kinder anzuschreien, würde er sie nun loben. Das einzige Problem dabei war, dass es da so wenig gab, wofür man sie hätte loben können.

Beim nächsten Spiel blieb Tapani die ganze erste Halbzeit über still. Als die Jungen in der Pause auf ihn zukamen, lobte er sie ganz begeistert: »Gut gemacht, Jungs! Ich bin stolz auf euch!« Die Jungen blickten verdutzt. »Warum sagst du das, Trainer? Was haben wir denn gemacht?«, fragte einer. Tapani brauchte also ganz schnell etwas, das sein Lob rechtfertigen würde. »Ich habe gesehen, dass ihr euch sehr bemüht habt, einander den Ball zuzupassen, und einigen von euch ist es sogar fast gelungen! Gut gemacht!« Die Jungen reagierten sehr positiv darauf. Einer sagte: »Oh, es ist dir aufgefallen! Ich habe es echt versucht, aber ein Junge aus der gegnerischen Mannschaft stand im Weg. Sonst hätte ich den Ball David zugespielt, der war ja da.«

Tapani war überrascht, dass dieses Lob bei den Kindern Wirkung zeigte: In der zweiten Halbzeit starteten sie wesentlich mehr Versuche, einander den Ball zuzupassen.

Diese Geschichte hat mich beeindruckt, und ich habe sie oft in meine Vorträge eingebaut. Nach einem Vortrag, in dem ich auch diese Geschichte erzählt hatte, sprach mich eine Dame an. »Die Geschichte, die Sie über den Trainer erzählt haben, der es geschafft hat, dass die Jungen den Ball weiterpassen, habe ich schon mal gehört«, sagte sie.

»Oh, das tut mir leid«, antwortete ich peinlich berührt. »So sind wir Trainer nun mal oft, wir erzählen dieselben Geschichten jahrein jahraus.«

»Oh, nein, bitte verstehen Sie mich nicht falsch. So meinte ich das gar nicht. Ich wollte Ihnen nur sagen: Als ich die Geschichte vor ein paar Jahren zum ersten Mal hörte, fühlte ich mich so inspiriert, dass ich beschloss, dasselbe an meinem Mann auszuprobieren.«

»An Ihrem Mann? Wie das denn?«, fragte ich neugierig.

»Jahrelang habe ich mich immer wieder mit meinem Mann in die Haare gekriegt wegen des Müllwegbringens«, begann sie zu erklären. »Es ist seine Aufgabe, und er hat mir immer und immer wieder versprochen, dass er es machen würde, hat es aber nie gemacht. Ich habe sogar mit Scheidung gedroht – vergebens. Und als ich diese Geschichte hörte, beschloss ich, den Trainer-Ansatz zu versuchen.«

»Echt? Wie ging es weiter?«

Eines Morgens, als er zum Frühstücken in die Küche kam, zeigte ich auf den Müllsack, den ich gut sichtbar an die Wand gelehnt hatte, und sagte: »Du glaubst gar nicht, wie ich mich gefreut habe, als ich in deinen Augen sah, dass du diesen Müllsack rausbringen würdest.«

»Und …?«

»Er griff sich den Müllsack und sagte: ›Kein Problem, mein Schatz, das mache ich sofort.‹«

»Wow! Aber hat er das dann nur dieses eine Mal gemacht oder haben Sie es geschafft, dass es zur Gewohnheit wird?«

»Seitdem macht er es immer, aber lange Zeit musste ich ihn jedes Mal dafür loben.«

Jeder von uns hat zuweilen das Bedürfnis, in das Verhalten anderer einzugreifen – zu Hause auf das Verhalten des Kindes oder Partners einzuwirken, bei der Arbeit auf einen Kollegen oder gar den Chef.

Oft hört man, man könne nur sich selbst ändern, nicht jedoch andere. Doch das geht an der Realität vorbei. Wir müssen unsere Kinder schließlich erziehen. Und manchmal müssen wir auch unseren Partner ein bisschen erziehen, sodass der Umgang miteinander für uns angenehmer wird. Manager müssen auf ihre Angestellten einwirken, und Angestellte wiederum aufeinander. Man kann eigentlich gar nicht anders, als zu versuchen, Einfluss auf andere auszuüben. Es geht allerdings vielmehr darum, dass wir innehalten und darüber nachdenken, wie wir das möglichst gut tun können.

Die Beeinflussung anderer als Alltagskompetenz

Auf andere Menschen einzuwirken ist eine kommunikative Fähigkeit, die die meisten von uns noch verbessern können. Oft versuchen wir auf ineffektive Weise, Einfluss auf andere zu nehmen. Das führt eher zu einer Verschlechterung als zu einer Besserung des Verhaltens, das wir verändert sehen möchten. Kritisieren wir einen Menschen für sein Verhalten, sieht er sich genötigt, sein Verhalten zu verteidigen, was eine Verhaltensänderung nur noch schwieriger macht. Jemandem, der sein Verhalten gerade erst vehement verteidigt hat, wird es schwerfallen, dieses Verhalten im nächsten Moment zu ändern.

Es gibt jedoch eine Vielzahl von Möglichkeiten, wie man Kritik an anderen zum Ausdruck bringen kann. Wir können das auf eine grobe und rücksichtslose Art tun, mit dem Ergebnis, dass unser Gegenüber sein Verhalten eher nicht ändern wird. Wir können aber auch lernen, auf eine kluge, elegante und gütige Art Kritik zu üben, die es unserem Gegenüber ermöglicht, sein Verhalten zu ändern – und es sogar gerne zu ändern.

Die Hände

Wir können versuchen, andere Menschen auf lösungsfokussierte Weise zu beeinflussen. Gemeinsam mit meinem Kollegen Tapani Ahola habe ich ein Lehrinstrument entwickelt, mit dem wir über viele Jahre in aller Herren Länder vielen tausend Menschen diese Fähigkeit beibringen konnten. Unser Spitzname für dieses Instrument lautet »die Hände«, denn es beinhaltet ein Experiment, bei dem die Teilnehmer auf zwei grundverschiedene Arten versuchen, einander zu beeinflussen oder sich gegenseitig Feedback zu geben. Im ersten Teil erfahren die Teilnehmer am eigenen Leib, was es bedeutet, wenn ihnen jemand mit der »Mecker-Hand«, wie wir sie nennen, Feedback gibt, oder eben auf eine Art, die das Problem nur verstärkt. Im zweiten Teil machen die Teilnehmer unmittelbar selbst die Erfahrung, was es bedeutet, wenn sie von derselben Person bezüglich desselben Verhaltens auf lösungsfokussierte und rücksichtsvolle Art Feedback bekommen – nämlich mit der »Wunsch-Hand«. Um das zu erläutern brauchen wir ein Beispiel. Denken wir uns eine Frau, die auf das Verhalten ihres Mannes einwirken möchte. Ihr Mann hat die schlechte Angewohnheit, seine Stimme zu erheben, wenn er sich aufregt.

Die Mecker-Hand

Wenn die Frau ihrem Mann mit der Mecker-Hand Rückmeldung gäbe, würde sie die folgenden fünf Leitsätze, repräsentiert von den fünf Fingern, befolgen:

1) *Der Immer-Finger:* Man verwende Attribute wie »immer« oder »jedes Mal« oder »nie«.
2) *Der Fehler-Finger:* Man teile der betreffenden Person rundheraus und so deutlich wie möglich mit, was sie falsch macht.
3) *Der Konsequenzen-Finger:* Man beschreibe die zahlreichen negativen Konsequenzen des Verhaltens.
4) *Der Begründungs-Finger:* Man biete der Person eine Begründung dafür an, warum sie sich so verhält, wie sie sich verhält.
5) *Der taube Finger:* Man kritisiere die Person dafür, dass sie einem nicht zuhört.

Würde die Frau diese Leitsätze befolgen, fiele ihr Feedback an ihren Mann in etwa so aus (die Ziffern im Text beziehen sich auf die oben angeführte Nummerierung der Finger):

»Immer (1) wenn wir über etwas Wichtiges reden müssen, (2) wirst du sauer und fängst an herumzuschreien. (3) Das ist unerträglich und macht es unmöglich, mit dir zu kommunizieren. Und es geht ja nicht nur mir so. Unsere Tochter leidet genauso unter deinem Geschrei. Sie hat sich schon mehrfach in die Hose gemacht, wenn du mich angeschrien hast. (4) Was ist los mit dir? Warum musst du ständig herumschreien? Deine Mutter hat mir erzählt, dass dein Vater genauso war. Was ist denn nur mit euch Männern los, dass ihr gleich rumschreit, wenn es mal ansatzweise emotional wird? (5) Ich weiß nicht, wie oft wir schon darüber gesprochen haben, aber du hörst nicht zu. Du bist vollkommen immun gegen jegliche Art von Feedback.«

Die Mecker-Hand löst beim Empfänger eine automatische Abwehrreaktion aus. Kritik, die auf diese Art geäußert wird, empfinden wir nicht als wohlmeinende Unterstützung, unser Verhalten zu ändern, sondern als Angriff auf uns als Person. Aus diesem Grund ist es wahrscheinlich, dass der Mann aus unserem Beispiel in etwa folgendermaßen reagieren würde:

»Immerzu regst du dich darüber auf, dass ich manchmal laut werde, wenn wir was diskutieren. Ich versteh das nicht. Jeder wird doch mal laut. Du doch auch, du merkst es nur nicht. Ich verstehe nicht, was dich so stört. Wieso machst du da so eine große Sache draus? Ja, okay, sie hat ein oder zwei Mal in die Hose gemacht, aber das hat doch nichts damit zu tun, dass ich laut geworden bin. Kinder müssen lernen, dass Eltern auch mal ihre Gefühle rauslassen. Oder willst du etwa, dass deine Tochter in so einem Puppenhaus groß wird wie du? Willst du wirklich, dass sie lernt, um jeden Preis den Schein zu wahren, wie es in deiner Familie alle tun?«

Die Wunsch-Hand

Wenn die Frau nun auf die folgende Art entlang der Leitsätze der Wunsch-Hand am Verhalten ihres Mannes Kritik üben würde, klänge ihr Feedback ganz anders. Die Wunsch-Hand setzt sich zusammen aus den folgenden Fingern bzw. Leitsätzen:

1) *Der Kontakt-Finger:* Fangen Sie damit an, dass Sie einen Kontakt zu dem Menschen herstellen, auf den Sie einwirken möchten.
2) *Der Wunsch-Finger:* Erklären Sie der Person, welches Verhalten Sie persönlich in Zukunft bevorzugen würden.
3) *Der Vorteile-Finger:* Zeigen Sie die Vorteile auf, die es für den Betreffenden sowie für andere in seinem Umfeld mit sich brächte, würde er ihrem Wunsch folgen (anstatt die negativen Konsequenzen aufzuzählen, die es mit sich brächte, das bisherige Verhalten beizubehalten).
4) *Vertrauens-Finger:* Überzeugen Sie die betreffende Person, dass Sie daran glauben, dass sie es schaffen kann.
5) *Der Vereinbarungs-Finger:* Treffen Sie gemeinsam eine Vereinbarung für die Zukunft und lassen Sie den betreffenden Menschen entscheiden, wie er daran erinnert werden möchte, falls er mal vergessen sollte, sich an die Vereinbarung zu halten.

Würde die Frau aus unserem Beispiel diese Leitsätze befolgen, könnte sie ihren Gedanken in etwa wie folgt Ausdruck verleihen:

»Lieber Samuel, (1) du weißt, wie sehr ich dich liebe, aber es gibt da eine Sache hinsichtlich unserer Kommunikation, über die ich gerne mit dir sprechen möchte. Könntest du dir bitte heute Abend etwas Zeit nehmen, sodass wir darüber sprechen können? (2) Du kannst dir vermutlich denken, worüber ich mit dir sprechen möchte. Ich habe einen Wunsch an dich. Du weißt ja, dass du dazu

neigst, laut zu werden, wenn du dich über etwas aufregst. Ich finde das nicht gut, und ich würde mir wünschen, dass du lernst, in Gesprächslautstärke mit mir zu sprechen. (3) Dann wäre es für mich leichter, mit dir zu sprechen, und ich denke, unserer Tochter würde es auch guttun, wenn sie an unserem Beispiel lernen könnte, dass man Dinge in Ruhe miteinander besprechen kann. Ich glaube auch, dass du wahrscheinlich ebenfalls zufriedener mit unseren Gesprächen wärst, wenn du es schaffen würdest, ruhig zu bleiben, oder was meinst du? (4) Ich glaube, du kannst das, schließlich habe ich schon oft gesehen, dass du es kannst. (5) Was meinst du? Was würdest du vorschlagen? Und natürlich bin ich auch bereit zu hören, ob du Wünsche an mich hast bezüglich unserer Kommunikation. Und was ist, wenn du mal vergessen solltest, was wir jetzt vereinbaren, und ich merken würde, dass du laut wirst: Darf ich dich dann irgendwie daran erinnern? Und was meinst du, auf welche Art könnte ich dich am besten daran erinnern, falls du es mal vergisst?«

1. Stellen Sie Kontakt her!

Wenn wir bei Rückmeldungen an andere die Leitsätze der Wunsch-Hand befolgen, beginnen wir zunächst damit, auf wohlwollende Art und Weise in einen echten Kontakt zu treten. Damit bereiten wir unser Gegenüber darauf vor zuzuhören. Wir können etwa sagen »Ich möchte gerne mit dir sprechen«, »Ich habe einen Wunsch an dich«, »Ich habe da eine Idee, die ich dir gerne vorschlagen möchte« oder »Ich möchte dich um etwas bitten«. Kindern ist dieses Prinzip anscheinend von Natur aus vertraut. Sie beginnen Gespräche mit ihren Eltern gerne so: »Ich erzähle dir was, aber nur, wenn du versprichst, dass du nicht sauer auf mich wirst.« Um einen Kontakt erst einmal herzustellen, ist es hilfreich, wenn man zunächst beispielsweise fragt: »Hättest du mal ein paar Minuten Zeit?«, »Können wir uns nach dem Abendessen mal unterhalten?«, »Ist es dir recht, wenn wir hier sprechen, oder sollen wir woanders hingehen?«. Indem wir unserem Gegenüber Vorschläge zur Auswahl unterbreiten, etwa zu Ort und Zeit des Gesprächs, geben wir ihnen die Gelegenheit, ein Stück weit selbst Kontrolle über das zu haben, was mit ihnen geschieht.

2. Konzentrieren Sie sich darauf, welches Verhalten Sie sich zukünftig von Ihrem Gegenüber wünschen würden!

Menschen reagieren besser auf Kritik, wenn sie nicht zu hören bekommen, was sie alles falsch machen, sondern wie sie sich in Zukunft verhalten sollten. Ein »Ich würde mir wünschen, du wärst bei unserer nächsten Verabredung pünktlich« wird eher gehört als etwa ein »Übrigens bist du schon wieder über eine halbe Stunde zu spät«. Bevor wir jemanden kritisieren, ist es ratsam, einen Moment darüber nachzudenken, wie wir uns so ausdrücken können, dass nicht das unerwünschte Verhalten im Fokus steht, sondern eine Beschreibung dessen, welches Verhalten wir uns von der Person in Zukunft in ähnlichen Situationen wünschen würden. Die Botschaft »Mach das nicht!« löst beim Menschen unwillkürlich Abwehrreaktionen aus. Daher ist es besser – wann immer es möglich ist –, das Gleiche so zu sagen, dass der Fokus auf dem erwünschten Verhalten liegt: »Mach das!«. Menschen sind offen gegenüber Wünschen, Vorschlägen und Bitten, sie verschließen jedoch meist die Ohren vor Kritik an ihrem Verhalten.

3. Untermauern Sie Ihren Wunsch, indem Sie über all die positiven Effekte sprechen, die es mit sich bringt, wenn die betreffende Person auf Ihren Vorschlag eingeht!

Oft versuchen wir, andere dazu zu bewegen, ihr Verhalten zu verändern, indem wir ihnen die negativen Konsequenzen ihres Verhaltens aufzählen: »Wenn du so weitermachst, wirst du nach und nach alle Brücken hinter dir abreißen und dein Leben an die Wand fahren« oder »Wenn du nicht damit aufhörst, verlasse ich dich!«. Diese Methode, negative Folgen aufzuzeigen, gründet auf der Annahme, dass es dem Betreffenden die Augen öffnen und er sogleich das dringende Bedürfnis verspüren werde, sein Verhalten zu ändern. Das ist jedoch nichts als Wunschdenken – so funktioniert die menschliche Psyche schlichtweg nicht. Negative Folgen des eigenen Verhaltens wahrzunehmen – insbesondere, wenn andere mit dem Finger darauf zeigen – motiviert Menschen in der Regel nicht dazu, ihr Verhalten zu ändern. Es ist viel wirkungsvoller, wenn man andere darin unterstützt, die positiven Folgen oder Vorteile, die mit dem erwünschten Verhalten verbunden wären, zu erkennen, anstatt dem anderen darzulegen, welche schlechten Folgen es haben werde, wenn er sich weiterhin so wie bisher verhalte. Merkwürdigerweise reagieren Menschen viel besser auf Hinweise und Vorschläge, die ihnen Gutes bringen, als auf Vorschläge, die es ihnen lediglich erlauben, Schlechtes zu vermeiden.

4. Zeigen Sie Ihrem Gegenüber, dass Sie an seine Fähigkeit zur Veränderung glauben!

Wenn wir einen Menschen kritisieren, sollten wir ihn auf die eine oder andere Art davon überzeugen, dass wir an seine Fähigkeit zur Verhaltensänderung glauben. Wir können ihm beispielsweise versichern: »Ich weiß, dass du das kannst«, »Mir fällt auf, dass du schon damit angefangen hast« oder »Du warst schon öfter so freundlich, meine Vorschläge in Betracht zu ziehen«. Es ist wichtig, dass wir unserem Gegenüber glaubhaft vermitteln können, warum wir an seine Fähigkeit zur Veränderung glauben. Das gibt dem anderen die Zuversicht, dass wir aus einer wohlmeinenden Position heraus zu ihm sprechen. Es geht nicht um Schimpfen oder Besserwissen, sondern darum, dass man mit dem anderen gemeinsam überlegt, wie ihm geholfen werden könnte, für die Zukunft ein Verhalten zu finden, das für alle Beteiligten gut wäre.

5. Handeln Sie eine Vereinbarung darüber aus, was zukünftig getan werden soll!

Damit die Kritik konstruktiv und hilfreich sein kann, sollte sie mit einer Vereinbarung darüber enden, wie die betreffende Person versuchen will, ihr Verhalten zu ändern. An dieser Stelle ist es hilfreich, wenn Sie dem anderen in Erinnerung rufen, dass auch Sie bereit sind, sich sein Feedback anzuhören: »Sag mir bitte auch, wenn du dir wünschst, dass ich etwas anders mache.« Menschen sind meist eher bereit, ihr Verhalten zu ändern, wenn sie das Gefühl haben, dass die Beziehung wechselseitig ist und sie auch Wünsche bezüglich des Verhaltens der anderen Person äußern dürfen.

Es fällt den meisten Menschen sehr schwer, Vorschläge für eine Änderung des eigenen Verhaltens von anderen anzunehmen. Daher ist es ratsam, den Menschen zu fragen, was er denn von den geäußerten Vorschlägen halte und ob er vielleicht einen besseren Vorschlag habe: »Was meinst du? Hast du eine bessere Idee?« Versuchen Sie, dem anderen das Gefühl zu geben, dass Sie beide gemeinsam nach einer Lösung für ein Problem suchen, und nicht, dass Sie ihn dazu drängen wollen, nach Ihrer Pfeife zu tanzen.

Als Abschluss eines solchen Gesprächs ist es wichtig, dass Sie eine Vereinbarung darüber treffen, wie Sie oder andere Menschen die betreffende Person an das erwünschte Verhalten erinnern können, wenn sie es vielleicht einmal vergessen sollte. Sie können also fragen: »Wäre es okay für dich, dass ich dich daran erinnere, wenn du mal vergessen solltest, worüber wir gesprochen haben?« Wenn die Frage bejaht wird, fragen Sie nach, auf welche Weise eine solche Erinnerung erwünscht wäre. Interessanterweise bevorzugen es viele Menschen, wenn sie sich mit einem erinnernden Hinweis einverstanden erklären, dass man sie mithilfe einer vereinbarten Geste oder eines Deckworts daran erinnert, anstatt das Verhalten direkt anzusprechen.

Die Wunsch-Hand als ethisch vertretbare Art, auf Menschen einzuwirken

Jede Erörterung darüber, wie man Menschen beeinflusst, führt unausweichlich zu der Frage, ob die Wunsch-Hand nicht irgendwie einer Manipulation gleichkomme. Bezeichnen wir mit dem Begriff »Manipulation« jeglichen Versuch, Einfluss auf Menschen auszuüben, zählt auch die »Wunsch-Hand« dazu. Für gewöhnlich meinen Menschen jedoch mit Manipulation eine ethisch fragwürdige Art, Menschen zu beeinflussen. Das trifft auf die Wunsch-Hand nicht zu. Diese ist ein ehrliches, transparentes und ethisch vertretbares Mittel, wie man auf das Verhalten eines anderen Menschen einwirken kann – ein Mittel, das Menschen einander näherbringt und das Wohlbefinden aller Beteiligten steigert.

Praktische Übung

Probieren Sie den Kritiksimulator aus. Das ist ein interaktives Computerprogramm – im Internet zu finden unter *www.benfurman.com/selfhelper* –, das auf dem in diesem Kapitel beschriebenen Konzept der »Hände« basiert. Es verdeutlicht, welch enormen Unterschied es macht, auf welche Weise wir unsere Kritik am Verhalten anderer formulieren.

5 Kritik mit Neugier begegnen

Kritik ist ein Geschenk – auch wenn sich das an der Verpackung oft nur schwer erkennen lässt.

Unser Unternehmen, das Helsinki Brief Therapy Institute, ist nicht nur ein Lehrinstitut, sondern auch ein Verlag. In den frühen Jahren unseres Unternehmens erhielten wir einmal eine Bestellung von einer Buchhandlung über 40 Exemplare eines frisch erschienenen Titels. Ich packte die Bücher in einen Karton, fuhr sie zur Post und gab das Paket am Schalter auf. Rund eine Woche später brachte der Postbote eine Benachrichtigung darüber, dass ein Paket auf der Post angekommen sei. Ich fuhr also zur Post, wo ich erfuhr, dass es sich um das Paket handelte, dass ich eine Woche zuvor an die Buchhandlung gesandt hatte und das zurückgeschickt worden war. Der Grund dafür war, dass das Paket bei der Zustellung so stark beschädigt gewesen war, dass viele der Bücher vollkommen nutzlos waren.

Ich sah, dass viele Bücher ziemlich gelitten hatten, es war kein schöner Anblick. »Das hätte nicht passieren dürfen«, sagte ich und versuchte gar nicht erst, meine Enttäuschung zu verbergen. »Wenn Sie Beschwerde einreichen wollen, können Sie unseren Kundenservice kontaktieren, die kümmern sich um solche Fälle«, sagte mir der Postbeamte. Ich brachte das beschädigte Paket in mein Auto und fuhr es zurück zum Institut, um mir den Umfang des Desasters genauer anzusehen. Später rief ich dann tatsächlich beim Kundenservice an. Eine weibliche Stimme meldete sich mit dem üblichen »Wie kann ich Ihnen behilflich sein?«. Ich begann also zu erklären, was mit meinem Paket geschehen war mit der festen Absicht, eine Entschädigung zu fordern. Die Person am anderen Ende war sehr verständnisvoll. Sie hörte sich geduldig meine Beschwerde an, beteuerte, dass es ihr leid tue, was mit meinem Paket passiert sei, gab zu, dass so etwas gelegentlich vorkomme, und erklärte die häufigsten Ursachen dafür, dass Pakete manchmal beschädigt werden. Sie erklärte auch, dass die Post eine kostengünstige Versicherung für solche Fälle anbiete. Ich weiß immer noch nicht recht, wie das passiert ist, aber innerhalb weniger Minuten hatte sie es geschafft, mich, der ich als unzufriedener und Entschädigung fordernder Kunde angerufen hatte, dazu zu bringen, dass ich mich geradezu entschuldigte, als mir aufging, dass ich der Post Unannehmlichkeiten bereitet hatte, indem ich den Karton, den ich ihr zur Zustellung überlassen hatte, so miserabel gepackt und gesichert hatte. Das Telefonat endete damit, dass ich der Mitarbeiterin des Kundenservice für ihr Verständnis dankte und mich für mein schludriges Verpacken entschuldigte.

Es ist kaum vermeidbar, in Situationen zu geraten, in denen man selbst der Adressat von Kritik ist. Unser Kritiker kann ein Familienmitglied, unser Chef oder ein Freund sein. Zuweilen kann man sogar von Menschen kritisiert werden, die man gar nicht kennt, etwa wenn man sich an einer Diskussion in einem Internetforum beteiligt. Es scheint fast, als könnten wir alle einen Kurs in mentaler Selbstverteidigung gebrauchen, der uns auf Situationen vorbereitet, in denen wir Kritik einstecken müssen.

Mit Kritik umgehen

Wenn Sie sich leicht durch Kritik verunsichert fühlen, sollten Sie daraus lediglich den Schluss ziehen, dass Sie noch Anfänger in der Kunst der mentalen Selbstverteidigung sind. Sie gehören noch nicht einmal in die Rangliste, Sie haben nur den »weißen Gürtel«. Wenn Sie schon ein paar Fortschritte darin gemacht haben, Ihre Würde zu verteidigen, auch wenn Sie meistens scheitern, qualifizieren Sie sich für den gelben Gürtel. Wer in der Regel erfolgreich die Haltung bewahrt, auch wenn ihm Kritik durchaus noch nahegeht, hat Anspruch auf den braunen Gürtel. Den schwarzen Gürtel bekommen nur die, die keine Kritik mehr fürchten, die bereit sind, ihr neugierig und aufgeschlossen zu begegnen.

Wie gut wir mit Kritik umgehen können, hängt von vielen Faktoren ab, nicht zuletzt davon, wer die Kritik äußert. Wir schaffen es meist, konstruktiv mit Kritik umzugehen, wenn der Kritiker »nur« ein unzufriedener Kunde ist. Ist es aber beispielsweise der Chef, wird die Sache schon viel schwieriger – besonders, wenn der Chef uns rücksichtslos vor anderen kritisiert. In solchen Fällen wenden sich Angestellte häufig an den Betriebsarzt und lassen sich vorübergehend krankschreiben, indem sie ihren Chef des Mobbings beschuldigen, oder sie suchen nach einer besseren Arbeitsstelle.

Zum Glück ist der Umgang mit Kritik eine Alltagskompetenz, die wir erlernen können und bei der die meisten von uns über großes Verbesserungspotenzial verfügen.

Selbstverteidigung verstärkt die Kritik

Wenn Menschen mit Kritik konfrontiert sind, reagieren sie in aller Regel mit einer Abwehrhaltung, sie verteidigen sich gegen die Anschuldigungen des Kritisierenden. Es gibt viele Möglichkeiten, sich zu verteidigen: Wir können einfach behaupten, unser Kritiker habe unrecht, wir können äußere Umstände dafür verantwortlich machen, wir können unsererseits mit Kritik zurückschlagen. Wenn etwa unser Partner sagt: »Du hast dich heute beim Essen meiner Mutter gegenüber sehr unhöflich verhalten«, werden wir vermutlich defensiv reagieren und so etwas sagen wie: »Das stimmt gar nicht. Und außerdem: Wieso muss ich immerzu höflich zu deiner Mutter sein, während sie mir gegenüber so unfreundlich sein darf, wie es ihr gerade passt? Und überhaupt: Wie kommst du dazu, so was zu sagen – so, wie du mit meiner Mutter sprichst, wenn sie uns mal besucht?«

Eine Verteidigungshaltung einzunehmen ist menschlich, doch es macht die Dinge oft eher schlimmer, als dass es das Problem lösen würde. Kritik löst schnell einen Teufelskreis aus, in dem die Verteidigungsversuche des Kritisierten den Kritiker dazu anspornen, seine Kritik noch zu verstärken, was wiederum den Kritisierten zu noch heftigerer Verteidigung reizt usw. So kann selbst der Funken eines kleinen Kritikpunktes ein Feuer entfachen, das sich zu einem ernsthaften Konflikt auswächst.

Menschen in der Kundenbetreuung beherrschen die Kunst, konstruktiv mit Kritik umzugehen

Wenn wir lernen wollen, wie wir mit Kritik besser umgehen können, sollten wir von Menschen lernen, die in der Kundenbetreuung tätig sind und ihre Arbeit gut machen. Sie sind oft Meister der Kritikkunst. Sie wissen, wie man der Verlockung widersteht, in die Abwehr zu gehen, und stattdessen aufmerksam hinhört, was der Kritiker eigentlich sagen will und was ihn stört. Sie versäumen es außerdem nur selten, dem Kritiker dafür zu danken, dass er die Kundenbetreuung kontaktiert hat, indem sie Dinge sagen wie »Vielen Dank für Ihren Anruf« oder »Ihr Anruf ist uns wichtig«. Sie gehen von der Prämisse aus, dass der Kritiker oder Kunde letztendlich niemanden beschuldigen oder kritisieren will, sondern gehört und verstanden werden möchte. Aus diesem Grund benutzen sie oft Formulierungen wie »Verstehe ich es richtig, dass Sie unzufrieden sind mit …?«. Wenn der Empfänger einer Kritik es schafft, dem Kritisierenden das Gefühl zu geben, dass er gehört und ernst genommen wird, wird es leichter für den Kritiker, seine Waffen niederzulegen und sich auf ein konstruktives Gespräch über die problematische Angelegenheit einzulassen.

Zuhören funktioniert selbst bei angriffslustigen Kritikern

Kritisiert uns jemand, neigen wir dazu, uns angegriffen zu fühlen. Diese Wahrnehmung löst eine unwillkürliche, in unserem Gehirn vorprogrammierte Kampf-oder-Flucht-Reaktion aus, die zu einem ausgewachsenen Konflikt führen kann. Um das zu verhindern, sollten wir lernen, die Haltung einzunehmen, dass Kritiker keine Angreifer sind, auch wenn sie uns so erscheinen. Sie sind unbewaffnet. Sie gehen ungeschickt mit Worten um, haben aber gute Absichten. Wir sollten lernen, sie als Überbringer einer wichtigen Botschaft zu sehen. Der Überbringer ist bloß etwas unbeholfen, nicht geschult oder unfähig, die Botschaft so zu formulieren, dass der Empfänger sie hören und wahrnehmen kann.

Beim Umgang mit Kritik kann es hilfreich sein, wenn man seine Herangehensweise an den folgenden fünf einfachen Richtlinien orientiert:

1) zuhören
2) danken
3) Verständnis zeigen
4) herausfinden, was der Kritiker will
5) eine Vereinbarung aushandeln

Die ersten drei Richtlinien – zuhören, danken und verstehen – haben wir bereits besprochen. Wenn Kritiker das Gefühl bekommen, dass wir sie verstehen oder uns zumindest darum bemühen, beruhigen sie sich, und ein wechselseitiger Austausch wird möglich. Daraufhin können wir unser Gegenüber fragen, was wir seiner Ansicht nach tun könnten, um die Lage zu verbessern. Die Annahme lautet: Wenn uns jemand kritisiert, gehen wir meistens davon aus, dass diese Person unzufrieden sei, weil ein Wunsch unerfüllt bleibt oder eine Erwartung nicht befriedigt wird. Diese Person ist zwar in der Lage zu benennen, was sie nicht möchte, doch es fällt ihr schwer, Worte für das zu finden, was sie möchte. Wenn wir von jemandem kritisiert werden, können wir die Rolle eines Vermittlers einnehmen, dessen Aufgabe es ist, unserem Kritiker dabei zu helfen, seine Hoffnung in Worte zu fassen: »Oh, ich sehe, du hast das Gefühl, dass ich deiner Mutter gegenüber unhöflich war. Das war nicht meine Absicht. Kann ich da irgendetwas tun?«

Wenn der Kritiker es erst einmal geschafft hat, uns mitzuteilen, was er sich von uns wünscht – anstatt nur darüber zu klagen, welches Verhalten er nicht möchte –, kann das Gespräch vorangehen und eine Vereinbarung darüber ausgehandelt werden, was wir tun können, um die Situation zu verbessern. Das bedeutet natürlich keineswegs, dass wir einfach allem zustimmen, was der Kritiker möchte. Es bedeutet lediglich, dass es Menschen leichter fällt, sich darüber auszutauschen, was sie wollen, als was sie nicht wollen.

Praktische Übung

Beim nächsten Mal, wenn jemand Ihr Verhalten kritisiert – sei es ein Familienmitglied, ein Freund oder ein Kollege, widerstehen Sie der Versuchung, sich zu verteidigen! Zeigen Sie sich stattdessen interessiert, und fragen Sie Ihr Gegenüber, welches Verhalten seiner Meinung nach in einer solchen Situation besser wäre.

Achten Sie darauf, wie Ihre Neugier Sie selbst, die Person, die Sie kritisiert, sowie die Beziehung zwischen Ihnen beeinflusst.

Beachten Sie, dass Ihr Interesse an den Gedanken und Hinweisen Ihres Kritikers Sie in keiner Weise dazu verpflichtet, seine Vorschläge zu befolgen. Bei diesem Ansatz geht es nicht darum, sich dem Kritiker unterzuordnen, sondern um eine Art der Kommunikation, die hilft, Kritik in einen Dialog zu überführen, der beiden Seiten dienlich ist.

6 Kränkungen heilen

Wenn dich jemand kränkt, fühlst du dich angegriffen.
Wenn dich die Person jedoch beim Versuch, diese Kränkung zu beseitigen,
erneut verletzt, haut dich das um.
Die Kränkungen selbst belasten Menschen weniger als die Art,
wie mit ihrem Erleben umgegangen wird.

Ich saß mit meiner Partnerin und einer ihrer Freundinnen am Küchentisch. Ganz nebenbei erwähnte meine Partnerin, dass sie zum Frisör wolle, um ihren Pony schneiden zu lassen. Ich schlug vor, dass ich das doch machen könne. »Glaubst du, ich lasse dich mit einer Schere an meine Haare?«, erwiderte sie schnippisch. Ich überlegte schweigend, wie ich darauf reagieren könnte. Eine Möglichkeit wäre zu sagen »O. k., das ist natürlich deine Entscheidung. Ich kann dir nur versichern, dass bisher alle Frauen mit dem Ergebnis zufrieden waren.« Ich wusste aber, das würde die Sache nur noch schlimmer machen, also hielt ich meinen Mund. Stattdessen ging ich zur Spüle und begann, das Geschirr zu spülen. Meine Partnerin hatte aber wohl meine Körpersprache beobachtet und bemerkt, dass mich ihre Aussage gekränkt haben musste. Schließlich hatte sie meine Haarschneidekompetenz im Beisein einer anderen Person angezweifelt.

»Hat es dich gekränkt, was ich eben gesagt habe?«

Ich hätte sagen können: »Natürlich nicht. Warum sollte mich so etwas kränken? Du hast ja das Recht zu entscheiden, wen du deine Haare schneiden lässt.« Ich entschied mich jedoch dafür, aufrichtig zu sein, und sagte: »Ehrlich gesagt finde ich schon, dass es unfair von dir war, das zu sagen, schließlich weiß ich, wie man einen Pony kürzt, ich habe das oft genug bei den Kindern gemacht.«

»Echt? Das hat dich gekränkt? Ich hätte nicht gedacht, dass du so überempfindlich bist!«

Ich konnte den Adrenalinschub förmlich spüren. Ich war so ehrlich gewesen zuzugeben, dass ich verletzt war, und anstatt, dass sie mir Verständnis entgegenbrachte, machte sie es noch schlimmer, indem sie mich der Überempfindlichkeit bezichtigte. Wenn ich nicht vorher schon gekränkt gewesen wäre, wäre ich es spätestens jetzt gewesen.

»Das finde ich unfair«, sagte ich. »Ich habe doch gerade zugegeben, dass ich mich von deiner Äußerung gekränkt fühle, und du reagierst darauf, indem du mich als überempfindlich bezeichnest.« Ich war kurz davor, meinen Laptop zu holen und ihr eine Präsentation zu zeigen, die ich vorbereitet hatte, um zu verdeutlichen, dass Menschen sich oft noch stärker von einer solchen sekundären Kränkung getroffen fühlen als von der ursprünglichen Kränkung, die den Kreislauf in Gang gesetzt hat. Ich schaffte es jedoch, der Versuchung zu widerstehen, und spülte ohne ein Wort weiter das Geschirr ab.

Ich konnte ihren Blick förmlich im Genick spüren. Nach einem Moment der Stille sagte sie: »Das ist nicht dein Ernst, oder? Hast du denn gar keinen Humor?«

Dieser kleine Austausch bestätigte eine These, mit der mein Kollege Tapani und ich etwa zu jener Zeit beschäftigt waren. Wir waren zu folgendem Fazit gelangt: Um besser mit Kränkungen umgehen zu können, müssen wir nicht nur lernen, besser zugeben zu können, dass wir uns gekränkt fühlen, sondern wir müssen auch lernen, verständnisvoller auf Menschen zu reagieren, die zugeben, dass sie sich von etwas gekränkt fühlen, was wir gesagt oder getan haben.

Von jemandem, der beleidigt oder gekränkt ist, sagt man in Finnland gerne, er habe eine Erbse in der Nase. Dieses Kapitel behandelt die Alltagskompetenz, die wir brauchen, um Kränkungen aufzulösen oder Erbsen aus Nasen zu entfernen, unabhängig davon, wie und warum sie überhaupt da reingekommen sind.

Kränken und Gekränktwerden gehört zum Leben

Es ist unmöglich, seine Kommunikationsfähigkeiten so zu perfektionieren, dass man nie mehr die Gefühle eines anderen verletzt. Selbst Menschen, die sich lieben oder großen Respekt voreinander haben, verletzen sich manchmal gegenseitig oder fühlen sich gekränkt. Für gewöhnlich verletzen Menschen einander nicht absichtlich. Meistens geschieht es versehentlich. Natürlich kommt es auch vor, dass jemand einen anderen absichtlich verletzt, doch meist steckt dahinter, dass die Person selbst sich gekränkt fühlt und es dem anderen heimzahlen will. Rache ist seit Jahrhunderten ein beliebter Versuch, Erbsen aus der eigenen Nase zu entfernen. Doch auch wenn behauptet wird, Rache sei süß, eignet sie sich selten zum Erbsenentfernen. Vielmehr löst Rache zumeist einen Teufelskreis aus, den die Mahatma Gandhi zugeschriebenen Worte so passend beschreiben: »Auge um Auge, und die ganze Welt wird blind sein.«

Ein Beispiel

Eine lösungsfokussierte Methode, wie man Erbsen aus Nasen entfernt, will ich am Beispiel einer Situation verdeutlichen, in der jemand die Gefühle eines anderen verletzt hat. Die Einzelheiten der Kränkung sind für unsere Zwecke nicht relevant, da wir sie nicht näher betrachten, sondern uns darauf konzentrieren wollen, sie zu lösen oder – um im Bild zu bleiben – die Erbse aus der Nase zu kriegen.

Stellen wir uns das folgende Szenario vor: In einer Team-Sitzung streckt ein Kollege die Idee eines anderen mit einem lauten »Das ist doch Blödsinn!« nieder. Der Kollege, der seine Idee vorgestellt hatte, fühlt sich beleidigt, er hat also sozusagen eine Erbse in der Nase. Derjenige mit der Erbse in der Nase kann in dieser Situation auf unterschiedliche Arten reagieren. Er könnte zum Beispiel einen Arzt aufsuchen und sich krankschreiben lassen – eine Wahl, die in meinem Land durchaus verbreitet ist. Er könnte auch mit einem verständnisvollen Kollegen sprechen, der ihn aufmuntert, indem er ihm versichert, dass er nicht allein sei und dass andere Kollegen ähnliche Erlebnisse mit dieser Person hatten.

Der Betroffene spricht die Angelegenheit auf drastische Weise an

Wir wollen hier jedoch nicht die oben erwähnten Reaktionen besprechen. Wir schauen uns stattdessen an, was geschieht, wenn die Person mit der Erbse in der Nase ihren Mut zusammennimmt und die Sache direkt mit der Person thematisiert, die sich ihr gegenüber verletzend verhalten hat. Nehmen wir mal an, der gekränkte Kollege marschiert gleich nach der Sitzung in das Zimmer des anderen und schreit in wütendem Ton: »Du hast mich eben in der Sitzung total respektlos behandelt. Was glaubst du, wer du bist, dass du so mit mir sprichst? Entschuldige dich, oder ich reiche eine Beschwerde gegen dich ein.«

Der Kränkende schiebt die Erbse noch tiefer in die Nase des Gekränkten

Jetzt ist der Kränkende am Ball. Er kann auch wieder unterschiedlich auf die Situation reagieren. Um nicht über das Geschehene sprechen zu müssen, könnte er als Ausrede zum Beispiel behaupten, er sei zu beschäftigt. Er könnte aber auch mit Bedauern reagieren und sich für sein taktloses Verhalten entschuldigen. Wir schauen uns die Reaktion an, die die Sache schlimmer macht, die – metaphorisch gesprochen – dem anderen die Erbse tiefer in die Nase schiebt. Das würde er schaffen, indem er etwa leugnet, verletzend gehandelt zu haben, und behauptet, der gekränkte Kollege sei an seinem Gekränktsein selbst schuld. Etwa so: »Ernsthaft? Das hat dich verletzt? Ich hatte ja keine Ahnung, dass du so empfindlich bist. Ich kann ja wohl hier keinen Eiertanz aufführen, bloß weil du mich missverstehen könntest. Passiert dir das oft? Dann solltest du wohl mal eine Beratung oder ein Coaching machen. Da draußen gibt's bestimmt Hilfe für Leute wie dich.«

In meinen Kursen verwende ich oft Redewendungen wie »vor den Kopf stoßen« oder »Salz in die Wunde streuen«, um zu verdeutlichen, wie sich die verletzte Person fühlt, wenn derjenige, von dem die Verletzung ausging, sich verteidigt. Dieser könnte z. B. behaupten, der andere sei selbst schuld, wenn er sich gekränkt fühle, und ihn damit erneut verletzen. Er kann das tun, indem er dem anderen etwa vorwirft, er sei zu empfindlich oder verstehe keinen Spaß. Er kann auch behaupten, der andere habe ihn falsch verstanden, oder andeuten, dass er irgendwelche persönlichen Probleme haben müsse, wenn er aus einer kleinen Fliege so einen Elefanten mache.

Jemanden vor den Kopf zu stoßen löst einen Teufelskreis aus

Eine Reaktion, die das Gegenüber vor den Kopf stößt, wird zum Auslöser eines Teufelskreises. Die Erbse in der Nase der gekränkten Person wird immer tiefer und tiefer hineingeschoben, und selbst eine ursprünglich harmlose Kränkung kann sich im Handumdrehen zu einem großen Konflikt auswachsen.

Jemanden vor den Kopf zu stoßen ist nichts als ein ungeschickter Versuch der Selbstverteidigung

Wenn tatsächlich die Reaktion, die man als ein »vor den Kopf stoßen« bezeichnen kann, Kränkungen so leicht aufflammen und zu massiven Auseinandersetzungen anwachsen lässt, stellt sich die Frage, warum wir denn so reagieren. Warum neigen wir dazu, unserem Gegenüber die Erbse tiefer in die Nase zu schieben, anstatt ihm zu helfen, sie herauszubekommen?

Der Grund für diese Art der Reaktion hängt aller Wahrscheinlichkeit nach mit der menschlichen Neigung, oder vielleicht besser gesagt dem Reflex, zusammen, uns selbst zu verteidigen, sobald uns jemand fehlerhaftes Verhalten vorwirft. Setzt uns jemand darüber in Kenntnis, dass wir uns ihm gegenüber auf verletzende Weise verhalten haben, fühlt es sich an, als würden wir eines Verbrechens beschuldigt, und wir reagieren unwillkürlich mit Abwehr. In diesem kurzen Moment haben wir nicht genug Zeit, eine sorgfältige Verteidigungsrede zu formulieren, und so kann unsere spontane Äußerung katastrophale Folgen haben. Es ist nicht unsere Absicht, mit dem Messer in der Wunde zu stochern oder die Erbse tiefer in jemandes Nase zu stopfen. Es passiert schlichtweg schneller, als man denkt, wenn wir das Gefühl haben, wir müssten sofort etwas sagen – irgendwas –, mit dem wir uns gegen die Anschuldigungen verteidigen können. Wir haben keine Zeit, über unsere Worte nachzudenken, und erschrecken dann oft selbst, wenn wir erkennen, welche Reaktion unsere Rechtfertigungsrede beim Gegenüber ausgelöst hat. Unsere Selbstverteidigung nimmt uns so sehr in Anspruch, dass wir uns gar nicht klarmachen, wie sehr wir den anderen damit vor den Kopf stoßen. Glücklicherweise gibt es bessere Arten, auf den Vorwurf zu reagieren, wir hätten jemanden gekränkt. Wir könnten z. B. auch so reagieren, dass wir dabei behilflich sind, die Erbse aus der Nase des anderen herauszuziehen.

Die gekränkte Person kann das auf konstruktive Art thematisieren

Der Gekränkte kann die Wahrscheinlichkeit eines positiven Ausgangs erhöhen, indem er das Gespräch mit dem Kränkenden auf konstruktive Weise eröffnet. Er kann dafür sorgen, dass er sich erst einmal beruhigt und etwas Abstand zum Geschehenen gewinnt, sodass er dann in beherrschtem Tonfall mit dem anderen sprechen kann. Er kann das Gespräch etwa folgendermaßen beginnen: »Daniel, hast du mal einen Augenblick Zeit für mich? Ich würde gerne etwas mit dir besprechen, das mir nachgeht. Es geht um das, was du mir heute in der Sitzung gesagt hast. Ich schätze unsere Zusammenarbeit, und ich glaube, ich kann offen mit dir sprechen. Möchtest du jetzt darüber reden, oder ist es dir lieber, wenn ich nachher vorbeikomme?«

Man sollte der gekränkten Person das Gefühl der Anerkennung vermitteln

Wenn die gekränkte Person das Problem auf freundliche und wertschätzende Weise anspricht, kann der Kränkende leichter seine Waffen niederlegen, dem Betroffenen zuhören und zumindest versuchen, ihn zu verstehen. Anstatt sich sofort selbst zu verteidigen, könnte er daraufhin so etwas sagen wie: »Es tut mir leid. Das war gedankenlos von mir. Kein Wunder, dass dir das nahegegangen ist. Ich mag es auch nicht, wenn andere meine Ideen zerschießen. Ich weiß es zu schätzen, dass du das ansprichst. Manchmal rutschen mir Dinge raus, die ich dann bedaure. Genügt dir meine Entschuldigung, oder möchtest du, dass ich das sonst noch irgendwie wiedergutmache?«

Diese imaginäre Reaktion ähnelt der, die oben im Abschnitt über den konstruktiven Umgang mit Kritik angeführt war. Sie setzt sich zusammen aus zuhören, verstehen, sich entschuldigen und der Bereitschaft, sich auf eine Vereinbarung zu verständigen, mit der die Sache als abgeschlossen gelten kann.

Diese Art des Umgangs gibt der gekränkten Person das Gefühl, dass ihr Gegenüber ihr zuhört und sie ernst nimmt, was ihr wiederum erlaubt, sich so weit zu beruhigen, dass sie in etwa folgendermaßen reagieren kann:

»Schon okay. Ist ja keine große Sache. So was passiert eben mal. Bestimmt habe ich auch schon mal etwas zu dir oder zu jemand anderem gesagt, das nicht besonders nett war. Ich schätze es sehr, dass ich immer offen mit dir sprechen kann. Es war mir wichtig, das zu besprechen. Ich brauche sonst nichts, von meiner Seite ist die Sache erledigt.«

Bei jedem von uns gibt es noch Luft nach oben in der Kunst, über Kränkungen hinwegzukommen

Wir alle können unseren Umgang mit Situationen verbessern, in denen wir das Gefühl haben, jemand hätte uns gekränkt oder verletzt oder ein anderer sei durch unsere Worte oder Taten verletzt worden. Wenn wir uns gekränkt fühlen, können wir das der betreffenden Person gegenüber auf konstruktive Weise thematisieren, und wenn wir die Gefühle eines anderen verletzt haben, können wir lernen, der Person zuzuhören und uns auf eine Art zu entschuldigen, die der Erbse den Weg aus der Nase heraus ebnet.

Praktische Übung

Erkunden Sie die Website *Entschuldigung und Vergebung*, die ich gemeinsam mit Lorenn Walker entwickelt habe, einer lösungsfokussierten Anwältin und Gesundheitserzieherin aus Hawaii, die *Restorative Justice* praktiziert. Die Seite bietet kostenfreie interaktive Programme an, mit denen sich die Kunst der Entschuldigung und Vergebung üben lässt. Die Website finden Sie unter: *www.apologyletter.org.*

7 Probleme in Ziele verwandeln

Wenn wir Probleme lösen, versuchen wir herauszufinden, was sie verursacht hat.

Die folgende Geschichte reicht zurück in die 1980er-Jahre, als ich meine psychiatrische Ausbildung absolvierte. Damals durften Pharmafirmen noch Werbegeschenke an Ärzte und Medizinstudenten ausgeben. Eine Pharmafirma, ein großer Hersteller von Antidepressiva, verteilte damals ein Buch mit dem Titel *Larvierte Depressionen* an Ärzte. Das Buch vertrat die These, dass Massen von Menschen da draußen an Depressionen litten, ohne es zu wissen. Es wurde behauptet, alle möglichen verbreiteten und nichterklärbaren Symptome seien in Wahrheit Anzeichen für eine maskierte oder larvierte Depression. In unserem Kreise kritisch gesinnter Kollegen machten wir uns über dieses Buch lustig. Es war eindeutig nur als Mittel gedacht, Ärzte dazu zu bewegen, häufiger Depressionen zu diagnostizieren und ihren Patienten mehr Antidepressiva zu verschreiben.

Eines Tages erzählte mir ein Kollege, ein Psychiater, der sich auch für die lösungsfokussierte Therapie interessierte, die folgende Geschichte: Eine seiner Patientinnen, eine Dame in reifem Alter, hatte ihm in die Augen geblickt und ihn in ernstem Tonfall gebeten:

»Herr Doktor, bitte sagen Sie mir, was mir fehlt!«

Mein Kollege dachte kurz nach und antwortete dann: »Ich glaube, es handelt sich um das unter dem Akronym *VF* bekannte Leiden.«

»Ach so. Und wofür stehen diese Buchstaben?«, wollte die Patientin wissen.

»Sie stehen für ›Versteckte Freude‹«, antwortete mein Kollege.

Der Blick der Patientin erhellte sich augenblicklich bei dieser neuen Diagnose, und sie sagte: »Ich glaube, Sie haben recht, Herr Doktor, ich war doch mal ein viel freudigerer Mensch.«

Daraufhin sprachen die beiden weiter über Freude statt über Depression; darüber, was ihr im Leben bis dahin Freude gemacht hatte, wovon sie hoffte, dass es ihr in Zukunft Freude bringen würde, und darüber, was sie vielleicht tun könnte, um wieder mehr Freude in ihr Leben zu bringen.

Wenn es so etwas wie eine larvierte Depression gibt, wieso sollte es nicht auch eine larvierte, also versteckte Freude geben?

Wir können Probleme auf ganz unterschiedliche Arten lösen. Wir sind allerdings alle an eine Methode gewöhnt, die ich mangels einer besseren Bezeichnung problemfokussierten Ansatz nenne: Wenn wir versuchen, ein Problem zu lösen, versuchen wir in der Regel erst mal herauszufinden, was die Ursache des Problems ist. Die erste Frage lautet zum Beispiel »Was stimmt da nicht?«, »Was ist die Ursache?« oder »Warum ist die Situation so?«, »Wo liegt der Fehler?« oder »Wer ist schuld?«.

Der problemfokussierte Ansatz funktioniert bei vielen Problemen gut

Dieser Ansatz ist logisch und uns allen wohlvertraut. Es wirkt Wunder, wenn sich für ein Problem eine klare Ursache finden lässt. Wenn etwa ein Auto nicht anspringt, kann ein Mechaniker nachsehen und die Ursache des Problems rasch ausfindig machen. Wenn der Anlasser defekt ist, wird er ihn reparieren. Wenn die Batterie leer ist, wird er sie ersetzen. Wenn Sie einen Wasserfleck an der Zimmerdecke haben, werden Sie einen Fachmann kontaktieren und nach der Ursache suchen lassen. Eine Untersuchung wird die Ursache zutage fördern – vielleicht ein Rohrbruch oder ein Leck im Dach. Wenn Sie Zahnschmerzen haben, gehen Sie zum Zahnarzt, der Ihre Zähne untersucht und herausfindet, woher die Symptome kommen. Daraufhin wird er eine Behandlung vorschlagen, die das zugrunde liegende Problem lösen soll. Was auch immer die Ursache des Problems sein mag: Die Lösung beginnt damit, herauszufinden, was das zugrunde liegende Problem ist, und es dann zu lösen.

Es gibt unterschiedliche Arten von Problemen

Der problemfokussierte Ansatz ist dann passend, wenn das zu lösende Problem »einfach« ist – in dem Sinne, dass ihm ein Problem zugrunde liegt, das sich lösen lässt. Es gibt jedoch sehr unterschiedliche Probleme. Es gibt auch viele Probleme, bei denen uns das Verstehen der Ursache in keiner Weise der Lösung näherbringt. Angenommen, Sie haben sich in einem Wald verlaufen und wollen zurückfinden. Sie können nun ihre Zeit damit verbringen zu überlegen, warum Sie sich verlaufen haben, wo Sie einen Fehler gemacht haben, als Sie den Wald betraten, doch das wird Ihnen kaum helfen, wieder heraus zu finden. In dieser Situation ist es wichtiger, dass Sie sich darauf konzentrieren, wie Sie wieder in die Zivilisation zurückfinden.

Die meisten zwischenmenschlichen Probleme lassen sich mit einem lösungsfokussierten Ansatz am besten lösen

Die meisten psychischen Probleme und zwischenmenschlichen Konflikte haben keine klare Ursache, die man benennen und reparieren kann. Diese Probleme lassen sich meist besser mit einem lösungsfokussierten Ansatz lösen als mit einem problemfokussierten. Bei solchen Problemen ist es also klüger, man grübelt nicht zu lange über die Ursachen nach, sondern konzentriert sich eher darauf, was die Menschen anstelle des Problems wollen und wie sich dieses Ziel am besten erreichen lässt.

Nehmen wir an, Sie wachen eines Morgens auf und fühlen sich niedergeschlagen. Gehen Sie das Problem mit einem Problemfokus an, werden Sie versuchen, eine Ursache dafür auszumachen. Nach einer Weile werden Sie vermutlich eine ganze Reihe möglicher Ursachen dafür gefunden haben, warum Sie sich so fühlen. Sie könnten etwa herausgefunden haben, dass Sie keinen Lebensinhalt mehr sehen, dass Sie mit Ihren Beziehungen zu anderen Menschen unzufrieden sind, dass Ihnen Ihre Arbeit zum Hals raushängt oder dass Sie am Rande einer Depression stehen – einer Krankheit, die in Ihrer Familie gehäuft vorkommt. Je mehr Sie über die möglichen Ursachen Ihrer Niedergeschlagenheit nachdenken, desto tiefer steigen Sie in den emotionalen Abgrund hinab.

Würden Sie hingegen Ihr Problem lösungsfokussiert angehen, würden Sie Ihre Zeit nicht darauf verwenden zu überlegen, warum Sie sich niedergeschlagen fühlen. Sie würden sich vielmehr fragen, wie Sie sich stattdessen fühlen möchten. Daraufhin würden Sie womöglich zu dem Schluss kommen, dass Sie viel lieber Ihr Leben genießen und froh sein möchten. Damit läge Ihr Ausgangspunkt nicht bei dem Wort »niedergeschlagen«, sondern bei einem Begriff, der in die entgegengesetzte Richtung weist, wie zum Beispiel »das Leben genießen«, also auf einem Gefühl, das Sie anstelle der Niedergeschlagenheit empfinden möchten.

Das mag nach Haarspalterei klingen, ist es aber nicht. Die Worte, die Sie als Ausgangspunkt Ihrer Suche wählen, beeinflussen den Weg, den Sie einschlagen. Worte und Formulierungen, die Probleme beschreiben, führen unseren Geist auf den Pfad der Erklärungssuche. Andersherum führen Worte und Formulierungen, die Ziele beschreiben, unseren Geist auf einen Pfad der Suche nach Mitteln und Wegen, diese Ziele zu erreichen. Für Menschen ist es einfacher, Ziele zu erreichen, als Probleme loszuwerden.

Das Wort »niedergeschlagen« stimmt das Gehirn darauf ein, über die Ursache nachzudenken. »Lebensfreude« hingegen ist ein optimistischer Begriff, der das Gehirn darauf einstimmt, was passieren sollte, um diese Lebensfreude wiederzugewinnen. Das menschliche Gehirn arbeitet kreativer, wenn wir darüber nachdenken, wie wir unsere Fähigkeit, das Leben zu genießen, wiederherstellen können, als wenn wir darüber nachdenken, wie wir unsere Niedergeschlagenheit überwinden können.

Der Lösungsfokus generiert nützliche Fragen

Das Gegenteil des Problems – die positive Eigenschaft oder Fähigkeit, die man anstrebt – inspiriert einen dazu, ganz neu über das eigene Problem nachzudenken. Indem wir uns auf unser Ziel konzentrieren anstatt auf das Problem, können wir es uns selbst leichter machen, die Frage nach der Problemursache zu verwerfen und uns stattdessen nützlichere Fragen zu stellen:

- Wie hast du es in der Vergangenheit geschafft, ähnliche Ziele zu erreichen?
- Was hast du bereits getan, um deinen Erfolg zumindest zeitweise zu erleben, wenn auch nur bis zu einem gewissen Grad?
- Inwieweit hast du es schon geschafft, deinem Ziel ein Stück näher zu kommen, und wie hast du das gemacht?
- Wie wirst du davon profitieren, wenn du dein Ziel erreichst?
- Wie haben dich andere Menschen bisher darin unterstützt und dir geholfen, deinem Ziel näherzukommen?
- Was meinst du, wie andere Menschen dir in Zukunft helfen können, deinem Ziel näher zu kommen?
- Welche deiner Fähigkeiten, meinst du, solltest du noch verbessern, um deinem Ziel näherkommen zu können?
- Was hast du gehört, was andere Menschen tun, um ähnliche Ziele zu erreichen?
- Was glaubst du, welchen Menschen du für ihre Hilfe und Unterstützung danken wirst, wenn du dein Ziel erreicht hast?

Mit dem Lösungsfokus schlechte Gewohnheiten ablegen

Damit das, was ich zu erklären versuche, Sinn für Sie ergibt, brauchen wir ein paar lebensnahe Beispiele. Nehmen wir mal eine weit verbreitete schlechte Angewohnheit als Beispiel. Da gibt es eine große Auswahl, etwa Rauchen, übermäßigen Alkoholkonsum, ungesunde Essgewohnheiten oder Nägelkauen. Es ist ziemlich egal, welche schlechte Gewohnheit wir hier auswählen, denn es geht uns nicht darum, herauszufinden, wie ein spezifisches Problem zu lösen wäre, sondern darum, aufzuzeigen wie die allgemeinen Prinzipien des lösungsfokussierten Ansatzes genutzt werden können, um eine schlechte Gewohnheit loszuwerden.

Ein Beispiel: Nägelkauen

Nehmen wir an, Sie haben die schlechte Angewohnheit, an Ihren Nägeln zu kauen, und Sie würden diese schlechte Gewohnheit gerne loswerden. Angenommen, Sie gingen das auf eine problemfokussierte Weise an, dann würden Sie zunächst versuchen zu verstehen, warum Sie das machen. Dieses Grübeln über mögliche Gründe Ihres eigenen Verhaltens würde Sie allerdings kaum einer Lösung näherbringen. Würden Sie das Problem jedoch auf eine lösungsfokussierte Weise angehen, statt Ihre Zeit auf Erklärungsversuche zu verwenden, würden Sie sich fragen: »Welche gute Angewohnheit könnte ich anstelle dieser schlechten entwickeln, die mir helfen würde, schöne Nägel zu haben?« Mit anderen Worten: Sie würden versuchen, die Frage zu beantworten, was Sie statt des Nägelkauens tun könnten, wenn Sie den Drang danach verspüren. Sie könnten zu dem Schluss kommen, dass Sie, um schöne Nägel zu haben, lernen müssten, wie Sie sie gut pflegen. Dafür müssten Sie anders auf Ihre Nägel achtgeben, sie z. B. regelmäßig lackieren, sich vielleicht entschließen, die Nägel zu feilen, anstatt an ihnen zu knabbern, wenn Sie den Drang verspüren, sie an den Mund zu führen. Somit hätten Sie Ihr Problem in ein Ziel verwandelt. Dieser erste Schritt des lösungsfokussierten Ansatzes wird es Ihnen erleichtern, weitere Lösungen für Ihr Problem zu finden. Sie sind nun ganz frei, Ihre Kreativität dafür zu nutzen, verschiedene Aktivitäten zu finden, mit denen Sie Ihr Ziel erreichen können. Sie können sich überlegen, wie Sie Ihre Nägel gut pflegen können, wie Sie Ihren Nägeln regelmäßig positive Aufmerksamkeit zukommen lassen, wie Sie daran denken können, nach einer Feile zu greifen, wann immer Sie den Drang verspüren, an Ihren Nägeln zu kauen. Sie könnten sogar darauf kommen, eine Nagelfeile an einem Band um Ihren Hals zu hängen und Familie und Freunde zu bitten, Sie daran zu erinnern, wenn ihnen auffällt, dass Ihre Finger sich Ihrem Mund nähern. Womöglich finden Sie heraus, dass es Ihnen nicht leichtfällt, alle zehn Nägel auf einmal wachsen zu lassen, und Sie nehmen sich vor, die Aufgabe auf kleinere Schritte herunterzubrechen, indem Sie sich einen Nagel nach dem anderen vornehmen und Ihre Erfolge entsprechend mit Familie und Freunden feiern. Wenn Sie Ihr Problem in ein erreichbares Ziel verwandeln, verändern Sie die Spielregeln und bringen Ihre Kreativität mit ein.

Mit dem Lösungsfokus Ängste überwinden

Angenommen Sie haben eine Rede vor Publikum zu halten, fühlen sich aber gar nicht wohl bei dem Gedanken und möchten das Problem lösungsfokussiert angehen. Sie würden nicht lange darüber nachdenken, warum Sie diese Situation als so beklemmend empfinden, sondern würden umgehend daran gehen, aus Ihrer Angst ein Ziel zu formulieren. Sie würden sich fragen »Was ist das positive Gegenstück zu meiner Angst?« oder »Welches Gefühl wäre anstelle dieser Angst wünschenswert?«. Wahrscheinlich kämen Sie zu dem Ergebnis, dass das Gegenstück der

Angst Selbstvertrauen, Mut oder Tapferkeit heißt. Somit bestünde Ihr Ziel darin, dass Sie lernen, selbstbewusst vor Publikum zu sprechen. Vielleicht möchten Sie Ihren Zielen auch ansprechende Namen geben, wie etwa »Auftrittsmut«, denn ist nicht Mut das Gegenteil von Angst?

Indem Sie Ihr Problem in ein Ziel verwandeln – in diesem Fall Ihre Angst in Mut –, machen Sie es sich selbst leichter, die überflüssige Frage zu ignorieren, was denn Ihre Angst verursacht, und sich stattdessen auf Möglichkeiten zu konzentrieren, wie Sie Ihren Auftrittsmut stärken können. Sie versetzen sich selbst in die Lage, nützliche lösungsfokussierte Fragen zu stellen, wie etwa die folgenden:

- Inwieweit hast du es schon geschafft, deinen Auftrittsmut zu stärken? Wie hast du das gemacht?
- Mit welchen Mitteln haben andere ihren Auftrittsmut gestärkt?
- Mit welchen Mitteln kannst du deinen Auftrittsmut stärken?
- Wie können andere Menschen dich am besten darin unterstützen, deinen Auftrittsmut zu stärken?
- Woran wirst du erkennen, dass es dir gelungen ist, deinen Auftrittsmut zu stärken?
- Woran werden andere Menschen erkennen, dass es dir gelungen ist, deinen Auftrittsmut zu stärken?
- Welche Gedanken können dir dabei helfen, deinen Auftrittsmut zu stärken?
- Wie kannst du deine Fantasie dafür einsetzen, deinen Auftrittsmut zu stärken?
- Welche Stufe von Auftrittsmut müsstest du erreichen, damit du mit der Situation zufrieden wärst?
- Wie würdest du es gerne feiern, wenn du eine Stufe von Auftrittsmut erreicht hast, mit der du zufrieden bist?

Die drei Grundpfeiler des lösungsfokussierten Ansatzes: Hoffnung, Kreativität und Zusammenarbeit

Die lösungsfokussierte Psychologie bietet uns einen anderen Weg an, wie wir kleinen sowie großen Problemen begegnen können. Wenn wir nicht zu viel Zeit darauf verwenden, nach den Wurzeln der Probleme zu suchen, sondern rasch dazu übergehen, sie in positive Ziele umzuwandeln, werden wir sie in einem anderen Licht sehen. Positive Ziele wecken Hoffnung, inspirieren zu kreativem Denken und machen es uns leichter, andere dazu einzuladen, dass sie uns beim Erreichen unserer Ziele unterstützen.

Praktische Übung

Trainieren Sie mithilfe der folgenden Übung, Probleme in Ziele umzuwandeln. Notieren Sie auf einem Blatt Papier vier Probleme oder Schwierigkeiten, die Sie gerne überwinden würden, folgendermaßen:

1. eine schlechte Gewohnheit
2. eine Angst
3. eine typische Reaktion bzw. Ihre Neigung, in bestimmten Situationen auf eine ganz bestimmte Art zu reagieren, mit der Sie selbst unzufrieden sind
4. eine Charaktereigenschaft, die Sie an sich ändern möchten

Wenn Sie das notiert haben, halten Sie einen Augenblick inne und denken darüber nach, welche positiven Ziele das jeweilige Gegenstück zu diesen vier Problemen oder Schwierigkeiten bilden würden.

Tipp: Einer schlechten Gewohnheit steht als Ziel meist eine gute Gewohnheit gegenüber, die Sie erlernen und mit der Sie die schlechte Gewohnheit ersetzen können. *Beispiel:* Wenn Ihre schlechte Gewohnheit darin besteht, dass Sie zu oft Ihre Schlüssel verlegen, würde Ihr Ziel lauten »Schlüssel im Griff haben«, »stets wissen, wo meine Schlüssel sind«.

Einer Angst steht meistens Mut als Ziel gegenüber – das Gegenteil der Angst. Beispiel: Wenn Sie Angst vor dem Fliegen haben, würde Ihr Ziel lauten »Mut zu fliegen« oder »lernen, das Fliegen zu genießen«.

Einer unerwünschten Gewohnheitsreaktion steht als Ziel meist die Beschreibung einer wünschenswerteren Reaktion auf dieselbe Situation gegenüber. Beispiel: Wenn Sie Ihre Kinder anschreien, wenn sie nicht auf Sie hören, könnte Ihr Ziel lauten »Ich bleibe ruhig, wenn meine Kinder nicht auf mich hören« oder »Ich beruhige mich erst einmal, bevor ich darauf reagiere, dass meine Kinder nicht auf mich hören«.

Einer unerwünschten Charaktereigenschaft steht als Ziel gewöhnlich die gegenteilige Charaktereigenschaft gegenüber. Wenn Sie zum Beispiel notieren »Ich bin neidisch auf andere Menschen«, könnte Ihr Ziel lauten »Ich freue mich für andere« oder »Ich beglückwünsche andere zu ihren Erfolgen«.

Gedanken zum Schluss

Stellen Sie sich Glücklichsein als eine Münze vor: Die Zahl-Seite steht für »die Fähigkeit, gut mit mir selbst klarzukommen«, und die Kopf-Seite steht für »die Fähigkeit, mich gut mit anderen zu verstehen«. Ratgeberliteratur konzentriert sich gemeinhin auf die Zahl-Seite des Glücklichseins – darauf, wie wir die Fähigkeit stärken können, mit uns selbst gut zurechtzukommen. In diesem Buch liegt der Fokus, wie Sie gesehen haben, auf der Kopf-Seite des Glücklichseins, nämlich darauf, wie wir unsere Fähigkeit stärken können, mit anderen Menschen gut zurechtzukommen. Dem liegt die Annahme zugrunde, dass es uns leichter fällt, unsere Lebensqualität zu steigern, wenn wir uns darauf konzentrieren, unsere Beziehungen zu anderen zu stärken, anstatt darauf, uns selbst zu verbessern.

Die in diesem Buch dargestellten Gedanken sollen nicht so daherkommen, als seien sie in Stein gemeißelt oder der allgemeingültige Kanon einer erfolgreichen Kommunikation. Wir sind alle unterschiedlich, und was für den einen funktioniert, muss nicht unbedingt auch für andere funktionieren.

Die Alltagskompetenzen, die ich in diesem Buch dargelegt habe, sowie die Arten, wie man sie sich aneignen kann, sind lediglich Vorschläge. Mein Ziel ist es, Ihr Interesse insoweit zu wecken, dass Sie sie ausprobieren und die Ergebnisse erleben. Ihre eigenen Experimente werden Ihnen zeigen, ob meine Ideen Sie in Ihrem Glücklichsein stärken. Wenn eine Idee zu einem positiven Erleben führt, werden Sie sie vermutlich für sich annehmen. Wenn Sie jedoch merken, dass eine Idee für Sie gar nicht stimmig ist, können Sie dennoch diese Erfahrung für sich auswerten und überlegen, was bei Ihnen besser funktionieren könnte.

Wenn dieses Buch Sie inspiriert und Sie mir eine Rückmeldung geben möchten, zögern Sie nicht und schreiben Sie mir eine E-Mail. Auf meiner Website *www.benfurman.com* finden Sie die Kontaktdaten. Unabhängig davon, ob Ihre Botschaft Lob oder Kritik enthält, wird sie mich inspirieren in meiner Suche nach Mitteln und Wegen, die lösungsfokussierte Psychologie rund um den Globus bekannter zu machen.

Über den Autor

Ben Furman, Psychiater und Psychotherapeut, ist Mitbegründer des Helsinki Brief Therapy Institute, das er zusammen mit Tapani Ahola leitet. Publikationen u. a.: *Ich schaffs! Spielerisch und praktisch Lösungen mit Kindern finden – Das 15-Schritte-Programm für Eltern, Erzieher und Therapeuten* (9. Aufl. 2021), *Gut gemacht! Das »Ich-schaffs!«-Programm für Eltern und andere Erzieher* (4. Aufl. 2021), *Es ist nie zu spät, erfolgreich zu sein* (zus. mit Tapani Ahola, 3. Aufl. 2021), *Jetzt gehts! Erfolg und Lebensfreude mit lösungsorientiertem Selbstcoaching* (zus. mit Rolf Reinlaßöder, 2. Aufl. 2013).

Für Ihre Notizen

Für Ihre Notizen